Moin!

Im innerdeutschen Tourismus liefern sich Bayern und Mecklenburg-Vorpommern einen harten Wettbewerb um das beliebteste
Reiseziel. Meist hat „Meck-Pomm" die Nase vorn, auch Corona
konnte daran nicht rütteln. Wen wundert's? Locken hier doch
eine herrliche Küste mit endlos langen Sandstränden, eine
stille Seenregion, die zu Rad- und Paddeltouren geradezu einlädt, und Städte, die nicht nur mit Backsteingotik trumpfen.

WIRTSCHAFTSFAKTOR TOURISMUS

Nicht nur in der Hochsaison sind die Seebäder und die die Seenplatte gut besucht. Gut so! Denn der Tourismus ist der wichtigste
Erwerbszweig für Mecklenburg-Vorpommern. Im Hinterland ist
dagegen schwer ein Auskommen zu finden. So zieht es viele Ju-
gendliche, vor allem die gut ausgebildeten, in wirtschaftlich at-
traktivere Regionen. Arbeitslosigkeit und „Landflucht" gehören
zu den drängendsten Problemen in Mecklenburg-Vorpommern
– mehr darüber im DuMont „Zur Sache" auf S. 34 f.

UNTERWEGS MIT BOOT ODER RAD

Ein anderes DuMont „Zur Sache" widmet sich den Ferien auf
dem Hausboot (s. S. 52). Unser Autor Rasso Knoller hat selbst
Kapitän gespielt und festgestellt: Geruhsamer kann man die
Seenlandschaft kaum erkunden. Er fand es wunderbar entspan-
nend. Oder doch lieber Reitferien auf dem Gestüt Ganschow,
eine Paddeltour auf der Peene oder im Drachenboot über den
Schweriner See? Schauen Sie nach unter „Ja natürlich"! Für
mich ist Mecklenburg-Vorpommern ideal zum Rad fahren. Wir
haben den Mecklenburgische-Seen-Radweg in voller Länge absolviert. Er führt von Lüneburg bis Usedom gut 600 km durch
eine herrliche Landschaft. Übrigens gibt es mittlerweile ein gut
ausgebautes E-Bike-Netz mit „Mobilitätsgarantie" …
Herzlich

Ihre

Birgit Borowski

Birgit Borowski
Programmleiterin DuMont Bildatlas

Autor Rasso Knoller
(li.) hat einige Jahre in
Stralsund gelebt und
wohnt heute in Berlin
und auf Usedom.
Fotograf Johann
Scheibner haben in
MVP besonders das
besondere Licht und
die Wolkengebilde be-
eindruckt.

92

Die vielerorts unberührte Natur ist eines der Pfunde, mit denen Mecklenburg-Vorpommern wuchert.

Einmal Kapitän sein – auf Müritz & Co. ist's möglich.

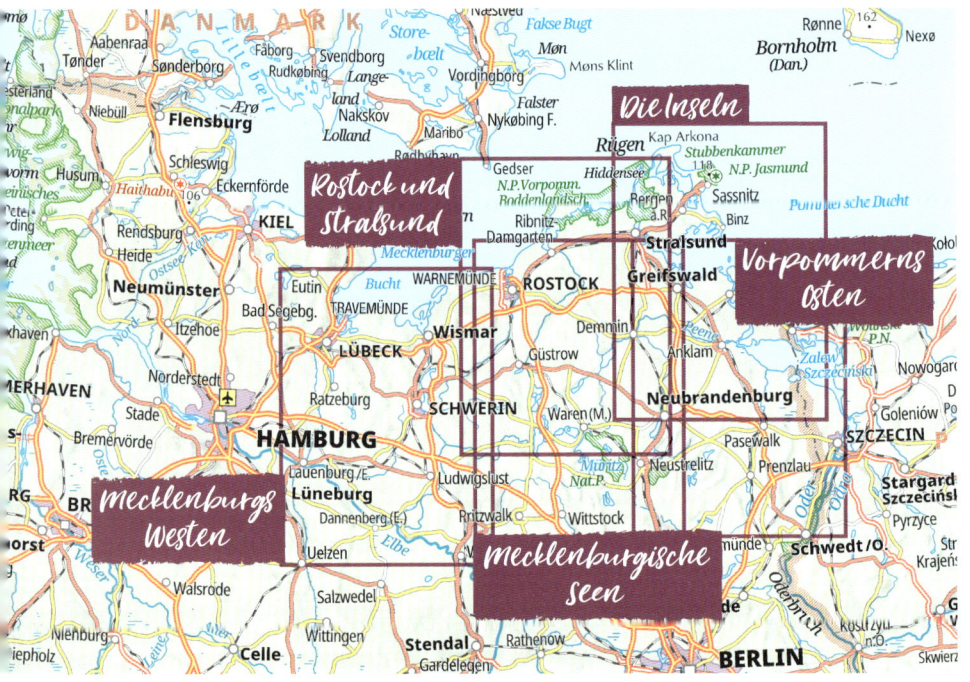

Die Inseln

Rostock und Stralsund

Vorpommerns Osten

Mecklenburgs Westen

Mecklenburgische Seen

52

90

Es gibt sie noch, die wackeren Fischer, die auf Rügen und Usedom ihrem Beruf nachgehen.

Unsere Favoriten

Urlaub im Luxus
Schlosshotels mit Golfplatz, Park und Weinberg– die Auswahl ist groß.

Freie Wildbahn
Kraniche, Seeadler, Austernfischer und röhrende Hirsche live erleben!

Abseits oder mittendrin
Weißer Ostseesand lockt zum Badeurlaub, mit und ohne Hüllen.

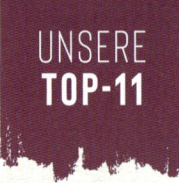

Das Beste erleben

Berührend, aufregend und spannend ... sind unsere Ideen, die wir für Ihren Aufenthalt in Mecklenburg-Vorpommern zusammengetragen haben.

Große Baukunst

* 1 *

TRADITION IN BACKSTEIN

Wismar, Stralsund und Greifswald haben einst das Wirtschaftsleben im Ostseeraum mitbestimmt – was ihre Altstädte bis heute spiegeln.
Seite 40, 79 und 113

* 2 *

HERRSCHAFTLICHES SCHWERIN

Aus Residenzzeiten stammt das herrlich gelegene Schloss. Als Sitz des Landtags knüpft der Bau an diese Vergangenheit an.
Seite 40

* 3 *

BÄDERARCHITEKUR

Reminiszenz an die große Zeit von Sassnitz, Binz auf Rügen und der „Kaiserbäder" auf Usedom sind die weißen Bauten der Bäderarchitektur.
Seite 97, 98 und 99

* 4 *

PUTBUS

Fürst Wilhelm Malte I. gründete die Residenzstadt und ließ in ihrem Zentrum ein klassizistisches Ensemble errichten.
Seite 98

Frischer Schwung

* 5 *

IM LAND DER MÜRITZ

Die Seenlandschaft rund um die Müritz ist ein Paradies für alle Naturfreunde zu Lande oder zu Wasser. Komprimiert stellt sich die Region im Müritzeum vor.
Seite 59

* 6 *

PADDELN AUF DER PEENE

Besser ist Natur kaum zu erleben als bei einer Tour durch den Naturpark Peenetal.
Seite 114

Klingende Namen

* 7 *

ERNST BARLACH

Das Werk des von den Nazis verfemten
Bildhauers lebt in Güstrow weiter.
Seite 57

* 8 *

OTTO LILIENTHAL

Ein mutiger Mann, der mit
zerbrechlichen Apparaten seinen
Traum vom Fliegen verfolgte. In Anklam
sind sie nachgebaut worden
Seite 114

Unvergessliche Eindrücke

* 9 *

RÜGENS WAHRZEICHEN

Die Kreidefelsen an Rügens Nordküste:
Lieblingsmotiv vieler Künstler
und aller Fotografen.
Seite 97

* 10 *

DER MASTENWALD IN ROSTOCK

Es gibt wenige Gelegenheiten,
so viele Großsegler so nah zu erleben
wie bei Rostocks Hanse Sail.
Seite 77

* 11 *

MEERESWELTEN IN STRALSUND

Spektakulär präsentiert das Ozeaneum
das Leben auf, über und unter dem Wasser,
wunderbar ergänzt vom Meeresmuseum.
Seite 79

LAND VERGEHT, LAND ENTSTEHT

Am Darßer Ort sieht man der Natur bei der Arbeit zu. Sand, den die Strömung am benachbarten Fischland abträgt, schichtet sie hier zu flachen Bänken auf.

WARNEMÜNDE DREAMING

Der Tourismus ist einer der wichtigsten Erwerbszweige in Mecklenburg-Vorpommern. Wie hier in Warnemünde sind die Strände an der Ostsee in der Saison gut besucht. Wieder steigende Urlauberzahlen sind Balsam für die Region nach der Corona-Pandemie.

STRAHLENDE SCHÖNHEIT

Im 14. Jahrhundert war Stralsund nach Lübeck die bedeutendste deutsche Hansestadt. Aus dieser Zeit stammt das prachtvolle Rathaus am Alten Markt. Viele Küstenstädte profitierten damals vom wirtschaftlichen Austausch im Ostseeraum, was ihren alten Zentren oftmals noch anzusehen ist.

FRÜHE KULTUREN

Versteckt im Wald oder gut sichtbar auf Anhöhen wie hier bei Rerik: Mecklenburg-Vorpommern ist reich an Zeugnissen der Megalithkultur. Namenlose Geschlechter, die vor rund 5000 Jahren hier lebten, haben Steinkreise und Dolmen hinterlassen – und viele Fragen.

MODERNE TRIFFT TRADITION

· ·

1897 baute man den Leuchtturm von Warnemünde,
1968 kam der Teepott hinzu. Das eigenwillige Gebäude
mit muschelförmigem Dach wurde 2018 als „Historisches Wahrzeichen der Ingenieurbaukunst in Deutschland" ausgezeichnet. Die Restaurantbesucher und
Kneipenbummler, die es allabendlich ansteuern,
dürfte das nur am Rande interessieren.

»DAT SÖTE LÄNNEKEN«

Schon immer suchten Künstler jeden Genres auf Hiddensee, dem „süßen Ländchen", nach Inspiration. Auch Gerhart Hauptmann hat vom Dornbusch aus schon in die Ferne geschaut. Das Hügelland im Norden der Insel haben schmelzende eiszeitliche Gletscher hinterlassen, die auch die Mecklenburgische Seenplatte schufen.

AUF DER DÜNENHEIDE

Auf Hiddensee erstreckt sich zwischen Vitte und
Neudorf die Dünenheide. Hier lebt eine ungewöhnliche
Tier- und Pflanzenwelt. Noch immer halten Schafher-
den die Heide offen, die sonst verbuschen würde.
Auch auf den Deichen entlang der Boddenküste
wirken sie als „Landschaftspfleger".

Die besten Schlosshotels

FÜRSTLICH WOHNEN

Nirgendwo in Deutschland stehen so viele Schlösser und Burgen wie in Mecklenburg-Vorpommern. Von den mehr als 2000 Herrschaftssitzen sind allerdings viele vom Verfall bedroht. So manches Schloss aber wurde renoviert und herausgeputzt und dient heute als Hotel. Jedes ist einzigartig und besitzt seinen ganz eigenen Charme.

❶ Park Hotel Schloss Rattey

Wein aus Mecklenburg-Vorpommern trinken und durch einen alten Schlosspark spazieren: Alte Eichen und die nördlichsten Weingärten Deutschlands rahmen das klassizistische Herrenhaus von 1806 ein, das seit einem Besitzerwechsel 2019 neu herausgeputzt wird. Den Wein kann man im ehemaligen Sitz der Adelsfamilie von Oertzen dann gleich auf der Schlossterrasse verkosten.

Dorfstr. 21
17349 Schönbeck/Rattey
Tel. 03968 25 50 10
www.schlossrattey.de

❷ Schlosshotel Groß Plasten

Das Seeufer vor der Tür und Kräuter aus dem eigenen Garten. Am Ufer des Klein Plastener Sees kann man im Schlosshotel Groß Plasten abseits von Großstadthektik entspannen. Besonders stolz ist man auf den eigenen Kräutergarten, dessen Ernte natürlich auch die Gerichte des Hotelrestaurants verfeinert. Kaminbar, Spa und Saunalandschaft sorgen für zusätzliches Wohlgefühl.

Parkallee 36
17192 Groß Plasten
Tel. 039934 80 20
www.schlosshotel
-grossplasten.de

❸ Schloss Ulrichshusen

Beliebt für Hochzeiten und ruhige Tage. Entweder übernachtet man dort, wo früher der Schlossherr lebte, oder da, wo seine Pferde standen – keine Angst, die Zimmer im ehemaligen Pferdestall sind ebenso komfortabel wie die im Schloss. Das 1562 errichtete Gebäude brannte 1987 ab und wurde 1993 wiederaufgebaut; das Hotel eröffnete 2001.

In Ulrichshusen wohnt man als Wasserratte zentral inmitten der Mecklenburgischen Seenplatte. Und: Im Schloss treten anlässlich der Festspiele Mecklenburg-Vorpommern international bekannte Künstler auf.

Seestr. 14
17194 Ulrichshusen
Tel. 039953 79 00
www.ulrichshusen.de

❹ Schlosshotel Klink

Türme, Erker und ein Sandstrand an der Müritz – Schloss Kink liegt direkt am See und bietet mit einer 35 000 m² großen Parkanlage genügend Platz für ausgedehnte Spaziergänge. Bootsinhaber können im angrenzenden Yachthafen fast direkt vor der Rezeption anlegen. Romantiker geraten ins Schwärmen, wenn sie die vielen Türmchen sehen, die aus schauen, als würde aus jedem eine Prinzessin ihr langes Haar herablassen.

Schlossstr. 6
17192 Klink
Tel. 03991 74 70
www.schlosshotel-klink.de

5

4

4

5 Schloss Basthorst

„Lage, Lage, Lage" – so preisen Immobilienmakler ihre Spitzenobjekte an. Schloss Basthorst, umgeben von einem englischen Park inmitten eines Walds und in Nachbarschaft des Glembecksees mit hoteleigener Badestelle, hat wahrlich „viel Lage" zu bieten. Spa und Pool sorgen für weitere Annehmlichkeiten. Lediglich der moderne Anbau, der etwas beschönigend als Waldresidenz bezeichnet wird, trübt das ansonsten perfekte Bild.

Schlossstr. 18
19089 Crivitz/Basthorst
Tel. 03863 52 50
www.schloss-basthorst.de

6 Schlosshotel Fleesensee

Golf und nochmals Golf. Das 1842 im Barockstil erbaute Schloss Blücher beherbergt heute das Schlosshotel Fleesensee – und damit das wohl bekannteste Schlosshotel Norddeutschlands. Inmitten der Mecklenburgischen Seenplatte gelegen, ist das Haus der ideale Ausgangspunkt für Ausflüge auf dem Wasser und an Land. Das weitläufige Hotelgelände wird von mehreren Golfplätzen eingerahmt. Drei Restaurants sorgen für das leibliche Wohl. Schon wegen des Ambientes besuchenswert: das Restaurant Frederic in der ehemaligen Schlosskapelle.

Schlossstr. 1
17213 Göhren-Lebbin
Tel. 039932 8 01 00
https://schlosshotel
-fleesensee.com

7 Schlosshotel Burg Schlitz

Hier sagen nicht nur Verliebte „Ja". Burg Schlitz im Landkreis Rostock ist bei Brautleuten beliebt, die sich im Schinkelsaal zwischen kunstvollen Wandmalereien vermählen lassen, aber auch andere Gäste fühlen sich in dem luxuriösen Tophotel wohl. 1806 als Familienresidenz der Grafen von Schlitz im klassizistischen Stil erbaut, ist die Anlage heute ein Schlosshotel, in dem man sich individuell um die Gäste kümmert. Der 180 ha große Landschaftspark mit Nymphenbrunnen und Obelisken steht allen Besuchern offen. Schon Dichterfürst Goethe lustwandelte hier.

17166 Hohen Demzin
Tel. 03996 1 27 00
www.burg-schlitz.de

Mecklenburgs Westen

*

IM FRÜHEREN GRENZLAND

*

Die „Staatsgrenze" der DDR zur Bundesrepublik Deutschland hat Jahrzehnte den Westen Mecklenburgs geprägt: Ein fünf Kilometer breiter Streifen entlang der Grenze war völlig gesperrt. Aller Möglichkeiten beraubt, hinkten die grenznahen Dörfer und Städte in ihrer Entwicklung sogar innerhalb der DDR hinterher. Allein die Natur hat vom Kalten Krieg profitiert.

Blickfang auf dem Marktplatz von Wismar ist
die 1580 bis 1602 erbaute Wasserkunst.

Eine Freitreppe führt vom Schweriner Schloss
hinab in die Gartenanlage auf der Schlossinsel.

Ein Teil des Schweriner Schlosses beherbergt auch heute noch Mecklenburgs Herrscher –
den Landtag. Doch auch Großherzogliches gibt es zu sehen, als Schlossmuseum.

Die Loireschlösser Frankreichs gaben im 19. Jahrhundert das Vorbild für
die Neugestaltung des Schweriner Schlosses in Renaissanceformen.

Über den Burgsee geht der Blick auf die Staatskanzlei des Landes Mecklenburg-Vorpommern und die vom Dom überragte Altstadt Schwerins.

1990 SAMMELTE DIE DAMALS 91-JÄHRIGE BERTHA KLING-BERG 17 000 UNTERSCHRIF-TEN, DAMIT „IHR" SCHWERIN LANDESHAUPTSTADT WERDE.

Das einstige Grenzgebiet ist ein Naturparadies. Seltene Pflanzen- und Tierarten fanden hier einen Rückzugsraum. Der Schaalsee beispielsweise, durch den die Grenze verlief, hat sich zu einem Vogelparadies entwickelt. Heute brüten hier Graugänse, Störche, Kraniche, Schilfrohrsänger und eine ganze Reihe bedrohter Vogelarten. Auch Fischotter haben am Schaalsee eine neue Heimat gefunden. Noch vor der Wiedervereinigung hatte die letzte – und einzig demokratisch gewählte – DDR-Regierung das Gebiet rund um den See zum Biosphärenreservat ernannt und damit unter besonderen Schutz gestellt.

Aller landschaftlichen Schönheiten zum Trotz kommen nur wenige Besucher in die Städte und Dörfer abseits der Küste. Selbst an Gadebusch, als Ausgangspunkt für Touren auf dem Schaalsee eigentlich perfekt, fließen die großen Touristenströme vorbei.

DIE KLEINSTE LANDESHAUPTSTADT

Wasser und Gärten sind auch das Markenzeichen der Landeshauptstadt Schwerin. Zwölf Seen umfasst das Stadtgebiet. 2009, als hier die Bundesgartenschau stattfand, ist die ohnehin grüne Stadt noch einmal grüner geworden. An die zwei Millionen Besucher kamen, um die herausgeputzten Parks der Stadt anzusehen. Doch es gab auch Kritik. Um alte Sichtachsen im Schlosspark wieder zu öffnen, fällte man Baumveteranen, die schon 200 Jahre alt waren.

Nur 95 650 Menschen leben in der damit kleinsten aller deutschen Landeshauptstädte. Dabei war Schwerin schon einmal größer. Unmittelbar nach der Wende wies die Statistik noch 133 000 Einwohner aus. Die Wirtschaftskrise, die nach der Wiedervereinigung den ganzen Osten heimsuchte, traf die Stadt besonders hart. Die grenznahe Lage wurde abermals zum Nachteil. Viele Arbeitsuchende zogen zu den Arbeitsplätzen in den jetzt zugänglichen Westen. Zudem kehrten viele den unattraktiven Plattenbauvierteln den Rücken und ließen sich in den Dörfern jenseits der Stadtgrenze nieder. Die schwierige Situation Schwerins war eines der vielen Pro-Argumente, als es 1992 darum ging, ob Rostock oder Schwerin Landeshauptstadt werden sollte. Der Status einer Landeshauptstadt sollte beim Aufschwung helfen. Zweites Argument für Schwerin war die Historie: 1160 gegründet, war die Stadt lange Sitz der mecklenburgischen Herzöge. Schließlich hatten diese mit wenigen Unterbrechungen hier von 1358 bis 1918 residiert. Und auch in der Weimarer Republik blieb Schwerin Landeshauptstadt.

Hinter Wismars gemütlichem Alten Hafen ragt die dank vieler Spenden
wiedererbaute Kirche St. Georgen auf.

Den weitläufigen Wismarer Marktplatz umgibt eine bunte Fassadenreihe in unterschiedlichsten Architekturstilen.
Mittendrin das Wahrzeichen der Stadt: die Wasserkunst im Stil der niederländischen Renaissance mit ihrem grünen Kupferdach.

An Hansezeiten möchte der stimmungsvoll wiederhergestellte Straßenzug Lohberg am Alten Hafen erinnern.

Feinste Backsteingotik zeigt Wismars Nikolaikirche.

Schwedenfest in Wismar

Special

Jahrhundertelang Zankapfel

. . . .

Jedes Jahr im August findet in Wismar das Schwedenfest statt – ein historisches Spektakel, das an die Zugehörigkeit Wismars zu Schweden erinnert.

Im Dreißigjährigen Krieg wurde Wismar 1632 von schwedischen Truppen erobert und dann im Westfälischen Frieden von 1648 dem nordischen Königreich zugeschlagen. Doch bald schon wurde die Stadt erneut angegriffen und besetzt. Diesmal von den Dänen. Deren Herrschaft währte nur fünf Jahre, dann kamen die Schweden zurück. Für die Menschen spielte es keine Rolle, von wem sie beherrscht wurden, für sie bleib das Leiden immer dasselbe.

Die Schweden bauten Wismar zur größten Festung Europas aus, während des Nordischen Krіegs erneut von den Dänen belagert. Man verteidigte sich zwar tapfer, doch fünf Jahre später, im April 1716, musste sich Wismar ergeben. Das Hin und Her ging

Einmal im Jahr: Schweden auf dem Markt

weiter: Die Schweden kehrten zurück, 1757 abgelöst von einem preußischen Zwischenspiel. Das kriegsgeplagte Wismar verarmte immer mehr und konnte kaum noch Steuern an das schwedische Königshaus abführen. Deshalb verpfändete Schweden die Stadt für 100 Jahre an die Herzöge von Mecklenburg. Als der Pachtvertrag 1903 auslief, löste Schweden den fälligen Pfandvertrag nicht ein, und Wismar kam zum Deutschen Reich.

Vielleicht war es aber auch Bertha Klingberg, die Schwerin den Hauptstadttitel sicherte. 1990 sammelte die damals 91-Jährige 17 000 Unterschriften für „ihr" Schwerin. Ein Platz am Südufer des Burgsees wurde nach ihr benannt und dort eine lebensgroße Statue aufgestellt, die sie in Tracht beim Blumenverkauf zeigt. Was die 2005 im Alter von 107 Jahren verstorbene Blumenfrau sicher am meisten gefreut hätte: Anlässlich der Bundesgartenschau in Schwerin bekam eine neue Fuchsiensorte ihren Namen.

Mit seinem Schloss, dem Dom und der gemütlichen Altstadt zählt Schwerin zu den schönsten Städten Mecklenburg-Vorpommerns. Mehr noch, das ehemalige Residenzschloss, in dem heute der Landtag tagt, gehört zu den bedeutendsten Baudenkmälern im Stil des Historismus in Deutschland. Wäre es nach der DDR-Führung gegangen, bestünde der Stadtkern Schwerins heute aus Plattenbauten. In den 1960er-Jahren sollte die gesamte Innenstadt abgerissen und durch „moderne" Architektur ersetzt werden. Glücklicherweise fehlte das Geld für die Umsetzung der Pläne.

STADT MIT WELTERBE-PRÄDIKAT

Seit 2002 gehört Wismar zu einem erlesenen Kreis – die Stadt steht auf der Welterbeliste der UNESCO. Neben den

Am Timmendorfer Hafen ragt seit 140 Jahren der Leuchtturm der Insel Poel auf (oben links). Boltenhagens Seebrücke bietet einen weiten Strandblick, die Seepromenade des Badeorts gibt sich bürgerlich (oben rechts und unten rechts). Eis schmeckt überall an der Küste – besonders gut aber an Kühlungsborns Strandpromenade (unten links).

gut erhaltenen Gebäuden aus der Hansezeit war der seit dem Mittelalter kaum veränderte Grundriss der Altstadt Hauptargument für die Verleihung des Titels. Der große Marktplatz im Zentrum, um den herum in bunter Pracht renovierte Bürgerhäuser stehen, ist eine der Hauptsehenswürdigkeiten. Und er ist ein guter Ausgangspunkt für einen Rundgang. An der Ostseite des Markts steht der „Alte Schwede", das 1380 erbaute älteste Gebäude der Stadt – und seit Mitte des 19. Jahrhunderts praktischerweise Gaststätte. Ob mehr Besucher im „Alten Schweden" einkehren oder doch die Nikolaikirche besuchen, darüber kann man nur spekulieren. Fest steht, dass die Kirche zum Schönsten gehört, was die Backsteingotik zu bieten hat.

BADEKARREN SIND LANGE SCHON VERGANGENHEIT. HEUTE BESTIMMEN STRANDKÖRBE DAS BILD AN DER OSTSEEKÜSTE.

DIE SCHWEDEN KOMMEN

1508 wurde der Bau der Nikolaikirche beendet – 124 Jahre später eroberten die Schweden die Stadt. Obwohl die Schwedenzeit wahrlich nicht zu den besten Jahren in der Wismarer Geschichte zählt, feiert man sie jeden Sommer mit einem großen Fest. Auf dem Marktplatz lagern dann wieder die Schweden und exerzieren im Paradeschritt vor den Wismarern. Diesmal aber in friedlicher Absicht – in den historischen Uniformen stecken die Mitglieder des Wismarer Schützenvereines und militärhistorischer Gruppen aus Schweden.

Wenig zu feiern hat Wismar dagegen, was die wirtschaftliche Entwicklung nach der Wende angeht. Kaum eine Stadt an der Küste blickt auf eine so schwierige Zeit zurück. Betriebe schlossen, die Werft, Hauptarbeitgeber der Stadt, operiert nur noch mit einem Bruchteil der früheren Belegschaft. Seit

Hinter dem monumentalen Chorgemälde „Verkündigung der Hirten" verbirgt sich die Orgel der Ludwigsluster Stadtkirche. Das gotische Triumphkreuz in der Nikolaikirche von Grevesmühlen stammt aus Wismar. Ein Jahrhundert älter ist die Alte Burg von Neustadt-Glewe.

Die Mecklenburger Handwerksstätten auf Hof Gutow im Klützer Winkel nähen und verleihen historische Kostüme auch für das Wismarer Schwedenfest.

Die Verlegung der Residenz nach Ludwigslust und der Bau des Schlosses war auch eine Arbeitsbeschaffungsmaßnahme für die „griese Gegend" rundum. Äußerlicher Pracht steht Sparsamkeit innen gegenüber: Die goldglänzende Ausstattung ist aus Pappmaché.

der Wende verließen 16 000 Wismarer ihre Heimatstadt. Mit nur noch knapp 43 000 Gemeldeten ist die heutige Einwohnerzahl geringer als nach Ende des Zweiten Weltkriegs.

WOHLKLANG ALLERORTEN

Im Sommer musiziert das ganze Land. Bei den „Festspielen Mecklenburg-Vorpommern" treten international bekannte Künstler und regionaler Nachwuchs auf. Meist dienen historische Gebäude als stimmungsvolle Kulissen. Im Schlosspark von Ludwigslust feiert man dann ein ganzes Wochenende lang das „Kleine Fest im großen Park". Vor der großartigen Fassade der herzoglichen Residenz

nehmen Jongleure, Feuerschlucker, Sänger in historischen Kostümen und Kleinkünstler die Besucher mit auf eine Traumreise, die erst spät am Abend mit einem eindrucksvollen Höhenfeuerwerk zu Ende geht.

SANDSTRAND UND STRANDKORB

Der Sommer ist auch die Hochzeit der Badeorte an der Ostseeküste. In Boltenhagen ließ Graf Bothmer schon zu Beginn des 19. Jahrhunderts einen Badekarren ins Wasser ziehen, um ungestört von den Blicken der Fischer ins Meer zu steigen. Damit gründete er das hiesige Badewesen, denn bald folgten weitere Adelige und auch wohlhabende Bürger

seinem Vorbild. Boltenhagen wurde nach Heiligendamm zum zweiten Seebad an der Ostsee.

Badeurlaub ohne Strandkorb – kaum vorstellbar. Doch das Strandsitzmöbel wurde erst 1882 erfunden, in Kühlungsborn vom Korbmacher Wilhelm Bartelmann. Er begründete damit eine mittlerweile fest verankerte Tradition. Angefangen hat alles damit, dass eine an Rheuma leidende Kundin eine Sitzgelegenheit bestellte, die sie am Strand zugleich vor Sonne und Wind schützte. Diese erregte so viel Aufmerksamkeit, dass sich schnell die Aufträge türmten. Der Strandkorb, wie wir ihn heute kennen, war entstanden.

Bevölkerungsentwicklung

LAND OHNE VOLK

*Mecklenburg-Vorpommern verliert Jahr für Jahr Einwohner.
Die jungen, gut ausgebildeten Menschen wandern ab,
die Alten und auch Arbeitslose bleiben zurück.*

Statt blühender Landschaften wartete auf viele ehemalige DDR-Bürger nach der Wiedervereinigung erst einmal Arbeitslosigkeit und die Abhängigkeit von staatlichen Hilfsleistungen. Auch mehr als 30 Jahre nach der Wende haben die neuen Bundesländer nicht das Niveau des Westens erreicht. Besonders schwer hat es das ohnehin strukturschwache Mecklenburg-Vorpommern. Landwirtschaft und Schiffbau, die beiden Haupterwerbszweige zu DDR-Zeiten, sind extrem von Kürzungen und Entlassungen betroffen.

Deshalb hat Mecklenburg-Vorpommern seit der Wende deutlich mehr als zehn Prozent seiner Bevölkerung verloren, und Wissenschaftler sehen kein Ende dieses Trends – in den nächsten 20 Jahren werden Schätzungen zufolge weitere 15 Prozent ihre Heimat verlassen. Während 1989 über 1,8 Millionen Menschen in Mecklenburg-Vorpommern lebten, sind es heute noch 1,6 Millionen. Der Altersschnitt ist im gleichen Zeitraum nach oben geschnellt. In dem einst „jüngsten" Bundesland – kurz nach der Wende lag der Durchschnitt bei etwa 36 Jahren – wurde mittlerweile der Bundesschnitt von rund 44 Jahren weit überschritten.

Zum Problem wird die Abwanderung dadurch, dass die qualifizierten, gut ausgebildeten und ehrgeizigen Menschen wegziehen. Wer es andernorts zu etwas bringen kann, verlässt das Land. Und das sind vor allem Frauen. Auffällig ist, dass dort, wo die jungen Frauen weggehen, Rechtsradikale viel Zuwachs haben. Im ehemaligen Uecker-Randow-Kreis und in der Region um Ludwigslust kommen in der Altersgruppe zwischen 18 und 35 Jahren auf 100 Männer nur noch 74 bzw. 76 Frauen, der Stimmenanteil der AfD bei Wahlen ist hier besonders hoch.

HOFFNUNGSFAKTOR TOURISMUS

Neue Arbeitsplätze gibt es im Tourismus. Aber der entwickelt nicht die nötige Zugkraft für den Arbeitsmarkt. Zum einen handelt es sich meist um Saisonarbeit, und zum anderen liegen die Gehälter deutlich unter denen, die in den westlichen Bundesländern gezahlt werden. Gutes heimisches Personal ist deswegen nur schwer zu finden – Saisonkräfte aus Polen oder der Tschechischen Republik schließen die Lücken.

Die Politik versucht gegenzusteuern. Unter dem Dach des Ministeriums für Wirtschaft, Bau und Tourismus wurde bereits kurz nach der Wende die „Rückholagentur" MV4you gegründet. Sie soll Abgewanderte zurück in ihre alte Heimat locken und zudem qualifizierte Arbeitskräfte aus anderen Bundesländern anwerben. Gerade 700 Vermittlungen hat die Agentur in den ersten zehn Jahren ihres Bestehens zustande gebracht – weniger als sechs Arbeitnehmer pro Monat. Wo die Arbeitsplätze fehlen, kann auch die beste Werbeagentur nur beschränkt helfen.

Inzwischen ist das Bundesland in einen gefährlichen Abwärtsstrudel geraten. In vielen Dörfern schließen die letzten Lebensmittelläden und Gaststätten, Arztpraxen und Schulen. Bus- und Zuglinien werden gestrichen, Fahrpläne ausgedünnt. Mecklenburg-Vorpommerns Attraktion ist die landschaftliche Schönheit. Für Touristen, die hier ihren Urlaub verbringen wollen, reicht das. Für Menschen, die hier dauerhaft leben wollen oder müssen, ist es aber nicht genug.

Tourismus ist einer der wichtigsten Wirtschaftsfaktoren. Dazu trägt auch das Nationalparkzentrum Königsstuhl bei.

Zwei Welten: hier perfekt sanierte Viertel und Straßen wie die Bohrstraße in Wismar (Bild S. 34), dort stiller Protest gegen den Rückgang der Fischerei (oben) und vergessene Ecken wie in Greifswald (unten).

Die besten Plätze für Tierbeobachtungen

SCHÖNHEITEN DER WILDEN ART

Kaum eine Gegend in Deutschland ist so dünn besiedelt wie Mecklenburg-Vorpommern. Kein Wunder, dass sich hier wilde Tiere – vor allem Vögel – besonders wohlfühlen. Unser Ranking verrät Ihnen, wo die besten Orte zur Tierbeobachtung liegen.

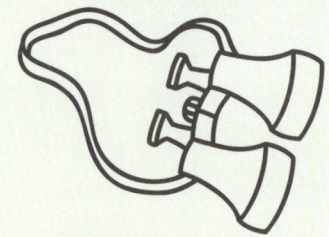

④

④

③ Kranich, Gans und Wiedehopf

Im äußersten Osten Deutschlands liegt der Naturpark am Stettiner Haff. In den flachen Gewässern rasten im Herbst und Frühjahr vor dem Weiterflug in die Sommer- bzw. Winterquartiere Tausende Gänse und Kraniche. Besonders gut kann man die Vögel am Galenbecker See beobachten. Vogelfreunde halten in der Gegend auch nach dem selten gewordenen Wiedehopf Ausschau. Er hat sich die Truppenübungsplätze als Lebensraum zurückerobert.

Besucherinformationszentrum/Naturparkstation
Am Bahnhof 4–5
17367 Eggesin
http://naturpark-am-stettiner-haff.de

① Fischadler im Müritz-Nationalpark

Live bei der Brutpflege kann man einem Fischadlerpaar im Nationalparkzentrum Federow im Müritz-Nationalpark zusehen. Eine Kamera überträgt die Bilder. Der Ort des Nests wird dagegen streng geheim gehalten. Zum einen sollen die Tiere nicht durch Touristen gestört werden, zum anderen sollen die Greifvogeleier vor Nesträubern geschützt werden.

In Deutschland leben etwa 360 Fischadlerbrutpaare, im Landkreis Müritz allein 52. Wer dichter heran will an die großen Vögel, kann an von Rangern geführten Adlersafaris teilnehmen.

Nationalparkzentrum Federow bei Waren
Tel. 03991 66 88 49
www.nationalpark-service.de, April–Okt. tgl. 9.00 bis 18.00 Uhr

② Vogelparadies am Schaalsee

Für die Menschen war sie eine Katastrophe, für die Tiere schaffte sie Freiräume – die innerdeutsche Grenze, die mit Stacheldraht und Minenfeldern das Land auseinanderriss. Sie verlief auch durch den Schaalsee bei Gadebusch, und so blieben dort die Vögel weitgehend ungestört. Heute ist der See ein UNESCO-Biosphärenreservat und ein Paradies für Ornithologen. Informationen erhält man im Pahlhuus von Zarrentin.

Pahlhuus
Wittenburger Chaussee 13
19246 Zarrentin am Schaalsee
www.biosphaere-schaalsee.de, www.schaalsee.de
April–Sept. tgl. 9.00–17.00, Okt. tgl. 10.00–17.00 Uhr

Ostsee

DÄNEMARK

Fehmarn

⑦ ⑥ ④ ⑤ Rügen

Stralsund

Usedom

Schleswig-Holstein

Lübeck Rostock Greifswald Wollin

MECKLENBURG-VORPOMMERN

Szczecin (Stettin)

② Schwerin

① Neubranden-burg

Müritz

POLEN

Elbe Havel Oder

Niedersachsen

Wittenberge Schwedt

Brandenburg

Sachsen-Anhalt Berlin

④ Tanz der Kraniche

Im Frühjahr und im Herbst wird der Darß zu ihrer Bühne: Dann rasten hier Zehntausende Kraniche auf ihrem Weg zu ihren Sommer- bzw. Winterquartieren. Ein kleiner Teil der Kraniche zieht nicht nur durch, sondern brütet in Mecklenburg-Vorpommern – und beschert Naturfreunden ein unvergessliches Erlebnis: die Kranichbalz im März. Dann führen die herrlichen Vögel ihren berühmten Tanz auf. Manchmal beteiligen sich nicht nur zwei, sondern mehrere Tiere an diesem Tanz und scheinen ein regelrechtes Kranich-

ballett aufzuführen. Um die Tiere nicht zu stören, bietet das Kranichinformations-zentrum in Groß Mohrdorf spezielle Beobachtungsein-richtungen (auch Fotohüt-ten) für die Balz wie auch für die Zugzeiten an.

Kranichinformations-zentrum Groß Mohrdorf
Lindenstr. 27
März–Mai tgl. 10.00–16.00,
Juni, Juli: Mo.–Fr. 10.00 bis
16.30, Aug. tgl. 10.00–16.30,
Sept., Okt. tgl. 9.30–17.30,
Nov. Mo.–Fr. 10.00–16.00
Uhr, www.kraniche.de
weitere gute Beobach-tungsplätze siehe S. 79

⑤ Gänse auf Ummanz

Im Frühjahr und Herbst ist der Himmel über Ummanz voll von Gänsen, Enten und Kranichen. Aus der Beob-achtungshütte an den Ufer-wiesen der Udarser Wiek kann man die Vögel beob-achten, ohne sie zu stören. Udars liegt auf Rügen süd-lich der L 302 zwischen Granskevitz und Schaprode (Fähranleger nach Hidden-see).

Der Fußweg zum ca. 3 km südwestlich des Dorfs lie-genden Beobachtungsturm ist ab Udars ausgeschildert.

⑥ Hirschbrunft

September und (Anfang) Oktober sind die perfekten Monate, um rund um den Darßer Ort Hirsche bei der Brunft zu beobachten. Das Röhren der großen Platzhir-sche beschallt dann sogar den Strand. Geführte Wan-derungen gehen zum Aus-sichtsturm an der Buch-horster Maase mitten im Darßer Urwald.

Kartenverkauf in der Darßer Arche in Wieck
Tel. 038233 2 01
www.bodden-nationalpark.de/die-erlebnisse/hirschkonzerte

⑦ Austernfischer auf Hiddensee

Auf dem Alten Bessin, ei-nem Sandhaken im Nord-osten der Insel Hiddensee, halten Ornithologen Aus-schau nach Zwergsee-schwalbe, Säbelschnäbler, Flussseeschwalbe und Aus-ternfischer (Bild). Im Winter gehen hier auch Seeadler auf die Jagd. Beobachten kann man die Vögel von einem hölzernen Turm an der Südspitze.

Auf dem Alten Bessin ist Fahrradfahren verboten. Eine Stunde Wanderzeit vom Ende des Fahrrad-weges bis zur Südspitze des Sandhakens einplanen!

BESUCH IM GRENZLAND

Der Westen Mecklenburgs war bis zur Wende Grenzland. Insbesondere das Gebiet in Grenznähe blieb über Jahrzehnte erstaunlich unberührt. Dann entdeckte der Tourismus die Küsten – die landschaftlichen und kulturellen Schätze im Landesinneren dagegen warten zum großen Teil immer noch auf ihre Entdeckung.

❶ Boltenhagen

Nach Heiligendamm ist Boltenhagen (2500 Einw.) das zweitälteste Seebad Mecklenburgs. Schon 1803 kamen die Grafen von Bothmer, um hier die Sommermonate zu verleben. Bald folgten weitere Adelige – Boltenhagen entwickelte sich zum Sommersitz der mecklenburgischen Society.

SEHENSWERT
Hauptanziehungspunkt des Orts ist der 5 km lange feine **Sandstrand** mit seiner 290 m ins Meer reichenden Seebrücke. Die Steilküste zeigt die nach Rügen größten **Kreidefelsen** der deutschen Ostseeküste.

HOTEL
Das € € € **Schlossgut Gross Schwansee** westl. von Boltenhagen ist nur durch eine Allee von der Lübecker Bucht getrennt – Luxus, den man sich in der günstigen Nebensaison leisten kann (Am Park 1, 23942 Groß Schwansee, Tel. 038827 8 84 80, www.schwansee.de).

UMGEBUNG
Klütz ist ein beliebtes Ausflugsziel; hier eröffnete 2015 **Schloss Bothmer** (1726–1732), größte barocke Schlossanlage Mecklenburg-Vorpommerns, nach aufwendiger Sanierung als Museum. Dessen Schwerpunkt liegt auf dem Leben von Reichsgraf Hans Caspar von Bothmer (April, Okt. Di.–So., Fei. 10.00–17.00, Mai, Juni, Sept. Di.-So. 10.00–18.00 Uhr, Juli, Aug. tgl. bis 18.00 Uhr, Nov.–März Sa., So. 11.00 bis 16.00 Uhr, www.schlossbothmer-mv.de; Parkanlage ganzjährig ab 10.00 Uhr) und dem Schmetterlingspark (An der Festwiese 2, www.schmetterlingsgarten.de; April–Okt. tgl. 10.00 bis 17.00 Uhr).

INFORMATION
Kurverwaltung und Tourist-Information, Ostseeallee 4
23946 Ostseebad Boltenhagen
Tel. 038825 36 00, www.boltenhagen.de

❷ Insel Poel

Die 37 km² große Insel ist idealer Urlaubsort für alle, die die Ostsee abseits des Trubels erleben wollen. Hauptattraktion sind die langen

Gut geschütztes Sonnenbaden auf der Insel Poel

Strände von Gollwitz, Timmendorf, Hinter Wangern und am Schwarzen Busch. Die flache Insel mit ihrer höchsten Erhebung von 26 m ist ein perfektes Fahrradrevier. Ein Brückendamm führt bei Fährdorf über die Meerenge „Breitling" zur Insel.

SEHENSWERT
Die romanisch-gotische **Inselkirche** (Kirchdorf; Urspr. 13. Jh.) lohnt einen Besuch, ebenso der Timmendorfer **Leuchtturm** (21 m, 1871; nicht zu besteigen) oder der dortige **Fischereihafen**. Am Schwarzen Busch erinnert eine **Gedenkstätte** an den Untergang der „Cap Arcona" 1945 mit Tausenden KZ-Häftlingen, irrtümlich von britischen Flugzeugen versenkt.

MUSEUM
Von der Inselgeschichte erzählt das **Heimatmuseum** im alten Schulhaus (Möwenweg 4, Kirchdorf; Mai–Sept. Di.–So. 10.00–16.00, sonst Di.–Fr. 10.00–14.00, Sa. 10.00–12.00 Uhr).

INFORMATION
Kurverwaltung, Gemeindezentrum 2
23999 Kirchdorf, Tel. 038425 2 03 47
www.insel-poel.de

❸ Kühlungsborn

Im größten Seebad Mecklenburg-Vorpommerns lockt vor allem der kilometerlange Sandstrand Besucher an. Die 1886 in Betrieb genommene Schmalspurbahn „Molli" verbindet Kühlungsborn mit Bad Doberan.

RESTAURANT UND CAFÉ
Draußen sitzen und sich mit Kaffee und Kuchen verwöhnen: Das Traditionslokal der € € **Weiße Pavillon** beherbergt seit Herbst 2020 unter gleichem Namen ein italienisches Restaurant (Auf dem Kamp 1, Bad Doberan, Tel. 038203 74 84 81).

INFORMATION
Tourismus, Freizeit & Kultur GmbH Kühlungsborn, Ostseeallee 19
18225 Ostseebad Kühlungsborn
Tel. 038293 84 90. www.kuehlungsborn.de

❹ Wismar

Vor allem dank der gut erhaltenen Bausubstanz aus der Hansezeit ist Wismar (42 900

Einw.) gemeinsam mit Stralsund UNESCO-Welt-erbestätte. Zwischen dem 14. und 16. Jh. war Wismar einer der bedeutendsten Handels-plätze im Ostseeraum. Von 1643 bis 1903 ge-hörte die Stadt mit Unterbrechungen zu Schweden (siehe „Special", S. 29).

SEHENSWERT

Größte Sehenswürdigkeit ist der **Markt-platz** TOPZIEL, der eingerahmt wird von den schönsten Häusern der Stadt. Das Renaissance-Brunnenhaus Wasserkunst (um 1600) versorgte bis vor 100 Jahren die Stadt. Am Marktplatz stehen das klassizistische Rathaus (Anf. 19. Jh.) und der Alte Schwede, Wismars ältestes Haus (1380, heute Gaststätte), das die Jahr-hunderte nahezu unbeschadet überstand. Drei gotische Stadtkirchen überragen die Altstadt. Die **Nikolaikirche**, zwischen 1380 und 1508 erbaut, hat den Zweiten Weltkrieg fast un-beschädigt überstanden. Das 37 m hohe Lang-haus gehört zu den höchsten Deutschlands, der Krämeraltar mit „Maria im Strahlenkranz" zu den besten Schnitzarbeiten der deutschen Gotik. Von der **Marienkirche** blieb der 80 m hohe Turm erhalten; in ihm ist die Ausstellung „Wege zur Backsteingotik" (mit 3-D-Filmprä-sentation) untergebracht. **St. Georgen** (Urspr. um 1300), ebenfalls stark zerstört, wurde in den 1990er-Jahren rekonstruiert. In der **Heilig-Geist-Kirche** (Urspr. 15. Jh.) verdienen vor allem die barocken Deckenmalereien mit alttestamentarischen Szenen Beachtung. Von der mittelalterlichen Stadtbefestigung blieb allein das **Wassertor** (um 1450) in der Nähe des Alten Hafens erhalten.

MUSEEN

Das **phanTECHNIKUM** stellt Mecklenburg-Vorpommerns Technikgeschichte interaktiv dar (www.phantechnikum.de, Zum Festplatz 3, in

Werftnähe; Juli, Aug. tgl. 10.00–18.00, sonst Di.–So. 10.00 bis 17.00 Uhr). Das **Stadtge-schichtliche Museum** ist im Schabbellhaus untergebracht. Dieses Gebäude, bis 1571 im Auftrag des Ratsherrn Hinrich Schabbell er-baut, ist mindestens ebenso interessant wie die Ausstellung zur Stadtgeschichte (Schweins-brücke 8, Nov.–März, Di.–So. 10.00–16.00, April bis Juni, Okt. Di.–So. 10.00–18.00, Juli–Sept. tgl. 10.00–18.00 Uhr, www.wismar.de/schabbell). Der **Rathauskeller** zeigt die ständige Ausstel-lung „Wismar – Bilder einer Stadt" (April–Sept. tgl. 9.00–18.00, sonst 10.00–16.00 Uhr). 2014 eröffnete das **Welt-Erbe-Haus** (Lübsche Str. 23), das sich der Geschichte der Hansestadt widmet.

RESTAURANT

Im rustikalen € **Brauhaus am Lohberg** wird selbst gebraute (Kleine Hohe Str. 15, Tel. 03841 25 02 38, www.brauhaus-wismar.de).

VERANSTALTUNGEN

Schwedenfest (Aug.; www.schwedenfest -wismar.de)

UMGEBUNG

5 km südl. liegt das einst namensgebende **Dorf Mecklenburg** mit dem Hügel einer wohl im 7. Jh. entstandenen slawischen Wasserburg sowie einer Backsteinkirche aus dem 14. Jh. In der Dorfmühle von 1849 ist heute eine Gaststätte zu Hause.

INFORMATION
Tourismuszentrale, Lübsche Str. 23a 23966 Wismar, Tel. 03841 1 94 33 www.wismar.de/Tourismus-Welterbe

 5 Gadebusch

Der mittelalterliche Rittersitz erhielt 1225 Stadtrecht und war im 16./17. Jh. Residenz von Mitgliedern der mecklenburgischen Herzogs-familie.

„Kleines Fest im Großen Park in Ludwigslust (oben); der „Alte Schwede" in Wismar (links)

SEHENSWERT

Das **Rathaus** aus dem 14. Jh. am dreieckigen Marktplatz, das **Renaissanceschloss** aus dem 16. Jh. (privat; Fassadenschmuck aus Ter-rakotta) und die spätromanische **Pfarrkirche** (Wandmalereien aus dem 14. Jh., Taufstein von 1450) lohnen einen Besuch.

UMGEBUNG

Westl. von Gadebusch beginnt das Biosphären-reservat **Schaalsee**, durch den einst die deutsch-deutsche Grenze verlief – die Natur blieb so vor Eingriffen verschont (siehe S. 36).

INFORMATION
Stadtinformation, Am Markt 1, 19205 Gade-busch, Tel. 0386 2 12 10, www.gadebusch.de

6 Schwerin

Die kleinste deutsche Landeshauptstadt (95 650 Einw.) ist seit ihrer Gründung 1160 das politische und kulturelle Zentrum Westmeck-lenburgs. Bis 1918 residierten hier die Herzöge von Mecklenburg-Schwerin.

SEHENSWERT

Hauptsehenswürdigkeit ist das **Schloss** TOP-ZIEL auf einer Insel zwischen dem Burgsee und dem Schweriner See. Im 16. Jh. errichtet, wurde es zwischen 1845 und 1857 umgestaltet. Die einstige Residenz ist heute Sitz des Land-tags von Mecklenburg-Vorpommern. Dennoch können Teile des Schlosses, die Prunk- und Wohnräume der Großherzöge, besichtigt wer-den (Mitte April–Mitte Okt. Di.–So. 10.00 bis 18.00, sonst Di.–So. 10.00–17.00 Uhr). Der Gar-ten auf der Schlossinsel entstand nach Plänen des berühmten Gartenarchitekten Peter Joseph Lenné. Eindrucksvoll ist auch der **Dom** (1280 bis 1420), eine dreischiffige Backsteinbasilika. Von der Aussichtsplattform (50 m) im 118 m hohen Turm, erst im 19. Jh. angefügt, genießt man einen weiten Blick (Mo.–Sa. 10.00–17.00, So. 12.00–17.00 Uhr). Nördl. der Schlossinsel liegen das Fachwerkgebäude des **Alten Pa-lais** (1791–1799) und das **Staatstheater** im Renaissance- und Barockkleid (1883–1886).

MUSEEN

Die **Galerie Alte und Neue Meister** zeigt Kunstwerke von der Antike bis zur Gegenwart;

Stolz des Museums ist die Sammlung holländischer und flämischer Malerei des 17. und 18. Jh. (Alter Garten 3, www.museum-schwerin.de; April–Okt. Di.–So. 11.00–18.00, sonst Di.–So. 11.00–17.00 Uhr).

HOTEL UND RESTAURANT
Der € € € **Niederländische Hof** direkt am Pfaffenteich ist ein Spitzenhotel (Alexandrinenstr. 12–13, Tel. 0385 59 11 00, www.niederlaendischer-hof.de).

VERANSTALTUNGEN
Schlossfestspiele (Juni; www.schlossfestspiele-schwerin.de), **Drachenbootfestival** siehe „Ja natürlich" nebenstehend (Aug.)

INFORMATION
Schwerin-Information
Am Markt 14, 19055 Schwerin
Tel. 0385 5 92 52 12, www.schwerin.com

➐ Ludwigslust

Herzog Christian Ludwig II. ließ im Jahr 1724 ein Jagdhaus errichten. 1764 verlegte sein Sohn Friedrich der Fromme die Residenz der mecklenburgischen Herzöge hierher; die barocke Stadt wurde zum Zentrum des Landes.

SEHENSWERT
Hauptsehenswürdigkeit ist das „Versailles des Nordens", das **Schloss** (1772–1776) mit Gemälde-, Miniaturen- und Waffensammlung (Mitte April–Mitte Okt. Di.–So. 10.00–18.00, sonst Di.–So. 10.00–17.00 Uhr). Der **Schlosspark** mit Parkbauten, Denkmälern, Teichen und Wasserspielen gehört zu den größten Parkanlagen Mecklenburg-Vorpommerns. Die ehem. **Schlosskirche** (bis 1770) erinnert mit ihrem Säulenportikus an einen griechischen Tempel; Blickfang im Inneren ist der steinerne Sarkophag von Herzog Friedrich.

VERANSTALTUNGEN
Kleines Fest im Großen Park (Aug.), **Schlosskonzerte** (Mai–Sept.)

UMGEBUNG
Neustadt-Glewe (nordöstl.) ist wegen seiner Fachwerkhäuser, der frühgotischen Marienkirche (Urspr. 14. Jh.) und der Alten Burg (14. und 15. Jh.; Museum) gern besuchtes Reiseziel. Letztere gilt als Muster eines mittelalterlichen Wehrbaus in Mecklenburg-Vorpommern.
Dömitz (32 km südw.) ist für seine Renaissancefestung (16. Jh.) bekannt (www.festung-doemitz.de; Mai–Sept. Di.–Fr. 10.00–17.00, Sa. und So. 10.00–18.00 Uhr, Okt. Di.–So. 10.00 bis 16.30, Nov.–April Di.–So. 12.00–16.00 Uhr).

INFORMATION
Ludwigslust-Information
Schlossstr. 36, 19288 Ludwigslust
Tel. 03874 52 62 51
www.stadtludwigslust.de

DRACHEN IM PFAFFENTEICH

Schwerin steht im Zentrum des deutschen Drachenbootsports. Jedes Jahr im August wird auf dem Pfaffenteich ein großes Drachenbootfestival veranstaltet.

Ursprünglich kommt der Drachenbootsport aus China – dort paddelt man schon lange mit den langen offenen Booten, deren Bug ein Drachenkopf und deren Heck ein Drachenschwanz ziert, um die Wette. Die modernen Wettkampfboote kommen meistens ohne die Verzierung aus, werden aber nicht zuletzt wegen ihrer Form dennoch als Drachenboot bezeichnet.

Alles begann 1992 mit den ersten Deutschen Meisterschaften im Drachenboot auf dem Schweriner Pfaffenteich. Kaum jemand kannte damals diese Sportart, entsprechend wenig Bewerber gab es, als man einen Veranstaltungsort suchte. Die Schweriner machten ihre Sache so gut, dass sie ein Jahr später die Europameisterschaft ausrichten durften. Die Sportler aus der Hauptstadt

Alle teilnehmenden Boote tragen als „Gallionsfigur" am Bug einen handgeschnitzten Drachenkopf. Das Heck ziert ein bunter Drachenschwanz.

Mecklenburg-Vorpommerns gehören zu den besten Deutschlands. Zum alljährlichen Drachenbootfestival reisen 3800 Paddler an – nahezu 40 000 Zuschauer verfolgen die Rennen vom Ufer aus. Seit gut fünf Jahren werden in Schwerin zudem in Deutschlands erster Drachenbootschule Sportlehrer ausgebildet, die dem Drachenbootfahren auch als Schulsport zum Durchbruch verhelfen sollen.

Drachenbootfestival:
Aktuelle Infos und Anmeldung
für die Wettkämpfe unter
www.drachenbootfestival.de

Drachenbootschule:
Kanurenngemeinschaft Schwerin
Schleifmühlenweg 38, 19061 Schwerin
Tel. 0385 56 57 57, www.krg-schwerin.de

Mecklenburgische Seen

*

EIN MEER VON SEEN

*

Die Müritz ist das touristische Herz der Region. Tierfreunde können im Müritz-Nationalpark auf die Pirsch nach 214 Vogelarten gehen. Wanderer finden ein riesiges Naturreservoir, und die Wassersportler, für die ist besonders gut gesorgt – in der Mecklenburgischen Seenplatte wartet ein Wasserwegenetz von 2000 Kilometern Länge.

Idyllischer geht es fast nicht. Entsprechend begehrt sind die Häuschen direkt am Wasser, etwa in Krakow am See.

Südlich von Waren führt ein Bohlenweg durch das zum Nationalpark gehörende
Feuchtgebiet rund um den Wienpitschsee, einem Paradies für Naturfreunde.

Eine Kremserfahrt mit ruhig dahinzottelnden Pferden ist
ein entspanntes Nationalpark-Erlebnis.

"Die Müritz ist Deutschlands größter See." Wer in der Mecklenburgischen Seenplatte unterwegs ist, wird diesen Satz öfter hören. Man legt in der Region großen Wert auf diesen Superlativ – und rechnet dann dem Gast genau vor, dass der Bodensee zwar größer sei, aber da sich Deutschland den See mit Österreich und der Schweiz teilen müsse, sei die Müritz eben doch größer. Ganz korrekt ist das zwar nicht, denn selbst der „deutsche" Anteil des Bodensees übertrifft die Fläche der Müritz. Aber immerhin: Mit ihren 117 Quadratkilometern ist die Müritz das größte Gewässer, das vollständig innerhalb Deutschlands liegt.

Eigentlich hätte man in Mecklenburg den Wettbewerb gar nicht nötig. Denn schön ist der See allemal – egal ob er nun

MAN RECHNET DEM GAST GERNE VOR, DASS DIE MÜRITZ GRÖSSER IST ALS DER BODENSEE.

Nummer eins oder Nummer zwei ist, was die Größe angeht. Das Gebiet um die Müritz ist das ideale Urlaubsziel für Radler und Naturfreunde und natürlich für jede Art von Wassersportlern. Sie finden hier ein Wasserwegenetz von eindrucksvollen 2000 zusammenhängenden Kilometern. Sicherlich mehr als ein Freizeitkapitän während seines Urlaubs abfahren kann.

ADLER VOR DER KAMERA
Waren, die mit 21000 Einwohnern größte Stadt am See, ist der Ausgangspunkt vieler Touren. Bevor man in die Pedale tritt, ins Boot steigt oder zu einer Wanderung aufbricht, steht erst einmal ein Besuch des großen Naturkundemuseums Müritzeum auf dem Programm. Seine Hauptattraktion ist das Aquarium im Untergeschoss, in dem nur Fische zu sehen sind, die in Meck-

Die Mühe des Aufstiegs lohnt allemal: Weit reicht der Blick vom Turm der Röbeler Marienkirche.

Die Müritz ist über weite Ufer eine stille Welt und ein herrliches Revier für Wassersportler.

Viereckig haben alle: Ludorf hat sich eine achteckige
Dorkirche geleistet.

Hauptsache auffallen: Badewannenrallye in Plau am See

Blick von Warens Marienkirchturm auf die Altstadt mit der Georgenkirche.
Lebhaft geht es vor allem an der Uferpromenade zu.

Warens alter Kern bietet so manch schönes Fachwerk –
darunter das Hotel Onkel Hermann in der Großen Wasserstraße.

MAN BRAUCHT GAR NICHT EINMAL ALLZU VIEL GLÜCK, UM DIE FISCHADLER ÜBER DEM SEE KREISEN ZU SEHEN.

lenburg-Vorpommern auch vorkommen. Mehr Natur gibt es dann draußen. Man braucht gar nicht einmal allzu viel Glück, um die Fischadler über dem See kreisen zu sehen. Oder man schaut ihnen gleich beim Brüten und Füttern der Jungen zu – von einer Kamera am Nest gefilmt und live ins Nationalparkzentrum in Federow übertragen.

Der 1990 gegründete Müritz-Nationalpark ist der größte Landnationalpark der Bundesrepublik und dank seiner Vogelvielfalt ein Paradies für Hobby- und berufsmäßige Ornithologen. Die bekommen hier nicht nur See- und Fischadler zu sehen – man hat 214 Vogelarten im Park gezählt. Inzwischen sind sogar Wölfe als zeitweilige Gäste in das Gebiet zurückgekehrt. Die schafften es im Januar 2011 auf die Titelseiten der Regionalpresse, als sie in einem Gehege gehaltene Rentiere rissen.

Knapp 40 Kilometer sind es von Waren bis Rechlin, lange Zeit tabu für Besucher. Hinter den verschlossenen Toren herrschte das Militär. Zu Nazi-Zeiten war hier die Erprobungsstätte der deutschen Luftwaffe zu Hause – Testgelände neuer und erbeuteter Flugzeugtypen vor dem Ernst des Kriegsalltags. Später waren in Rechlin sowjetische Streitkräfte stationiert, und für die DDR-Armee stellte man in einer Werft Rettungsboote

her. An die technische Seite dieser Vergangenheit erinnert das Luftfahrttechnische Museum. Technikinteressierte bekommen alte sowjetische Kampfflugzeuge, ein Patrouillenboot aus DDR-Zeiten und Nachbauten von deutschen Kampffliegern des Zweiten Weltkriegs zu sehen.

Röbel ist das zweite Zentrum an der Müritz – die Altstadt mit ihren Fachwerkhäusern und die Marienkirche aus dem 13. Jahrhundert sollte man auf jeden Fall besuchen: Vom 58 Meter hohen Turm hat man den perfekten Seeblick, bei gutem Wetter schaut man hinüber bis nach Waren.

ERBE DER EISZEIT

Die Mecklenburgische Seenplatte mit ihren über 1000 Seen ist das größte zusammenhängende Seengebiet Mitteleuropas, entstanden ist es während der letzten Eiszeit vor etwa 12 000 Jahren. Damals war skandinavisches Inlandeis weit in den Süden vorgedrungen. Die von den Gletschern mitgeschleppten Geröllmassen wurden teilweise zerrieben und bauten eine Grundmoräne von bis zu 70 Metern Höhe auf. Aus diesem Grund verwöhnt die Landschaft das Auge mit einem sanften Auf und Ab – ein ideales Gebiet für Ausflüge mit dem Elektrofahrrad.

Nur wenige Minuten von der Stadt entfernt liegt Güstrows Inselsee,
den die charakteristischen Bootshäuser säumen.

Die letzten Strahlen der Abendsonne lassen sich an Güstrows Inselsee genießen.
Ernst Barlachs Wohn- und Atelierhaus stand hier am Ufer.

Ein breiter Wassergraben umschließt den Güstrower Schlossgarten, hinter dem der bedeutendste Renaissancebau Mecklenburgs aufragt.

Typisch Mecklenburg: eine Allee, hier bei Rottmannshagen

Ernst Barlach

Ein Künstler in Güstrow

Special

Der Bildhauer, Zeichner und Literat Ernst Barlach (1870–1938) zog 1910 nach Güstrow. Hier entstanden alle seine Hauptwerke, und hier blieb er wohnen, bis kurz vor seinem Tod. Trotz seiner 1934 im „Aufruf der Kulturschaffenden" dokumentierten Hitlertreue wurden viele seiner Werke als „entartet" aus Museen und Ausstellungen entfernt, einige sogar zerstört und Barlach mit Ausstellungsverbot belegt.

In Güstrow erinnert man an mehreren Orten an den berühmten Künstler. In der spätgotischen Gertrudenkapelle ist seit 1953 eine Gedenkstätte für Ernst Barlach errichtet. Hier werden Holzskulpturen und weitere bildhauerische Werke gezeigt. Das Atelierhaus am Inselsee war Barlachs ehemalige Wohn- und Arbeitsstätte. Ende der 1920er-Jahre konnte sich Barlach vor Aufträgen kaum retten, weshalb er 1931 den Neubau in Auftrag gab.

Im Atelierhaus an Güstrows Inselsee

Seit 1978 ist hier ein Museum untergebracht, das mit nunmehr rund 300 Plastiken, 110 Handzeichnungen und 430 druckgrafischen Werken einen umfassenden Einblick in das Schaffen des Künstlers gibt. Zudem wurde in unmittelbarer Nachbarschaft im Jahr 2007 das Ausstellungsforum als Erweiterung der bestehenden Ausstellung errichtet.

Nicht nur ältere Menschen entdecken das E-Bike als neue Art der Fortbewegung. In der Seenplatte hat man das verstanden und bietet Touren mit Elektrofahrrädern an. „Viele Kunden wollen sich nicht um Routenplanung kümmern und sich den Akku wechseln lassen, wenn er leer ist," sagt Jörn Kolbe, der Repräsentant des E-Bike-Spezialisten Movelo für Mecklenburg-Vorpommern. Das Wort „Mobilitätsgarantie" umschreibt diesen Rundumservice. Rund 90 Prozent der Kunden, die eine E-Bike-Tour buchen, seien Nicht-Fahrradfahrer. „Sie fahren nur, weil das Ding einen Motor hat." Hören tut man von dem Motor allerdings nichts. Der ist aber ohnehin nur zur Unterstützung gedacht – ganz ohne Treten fährt auch ein E-Bike nicht. „Wenn sich der Motor zuschaltet, ist das, als ob einen von hinten jemand anschieben würde," beschreibt Kolbe das Fahrgefühl. Leise und entspannt geht es also durch die Seenlandschaft, und so ist die Umrundung der Müritz an nur einem Tag auch für weniger Sportliche machbar. Sogar Ausflüge bis zum Plauer See werden von Waren aus für jedermann möglich.

LUXUS NACH DER WENDE

Am Fleesensee ist nach der Wende der Luxus eingezogen. Wo sich noch 1989 Schweine der örtlichen LPG suhlten,

Im 19. Jahrhundert prägte preußischer Stil auch Mecklenburg: Rottmannshagens Friedhofskapelle (oben links). Gelb leuchtet das Land im Frühsommer – die Rapsblüte freut auch Bienen und Imker (oben und unten rechts). Gestaltungsfreude bis in Nebensächlichkeiten: Am Zierker See in Neustrelitz steht dieses 1821 errichtete herzogliche Waschhäuschen.

Die 32 Kilometer der Müritz-Havel-Wasserstraße – hier zwischen Vilzsee und Rätzsee – befahren mittlerweile nur noch Freizeitkapitäne.

wird heute Golf oder Tennis gespielt, geritten und gewandert. „Land Fleesensee" nennt sich Norddeutschlands größte Ferien- und Freizeitanlage – 2000 Betten in mehreren Spitzenhotels auf einer Fläche von 550 Hektar. Da ist auch genügend Platz für Nordeuropas derzeit größtes Golfresort mit fünf Plätzen und 72 Löchern. Für die strukturschwache Region ist das „Land Fleesensee" der wichtigste Arbeitgeber mit mehreren Hundert Angestellten.

DIE PRINZESSIN UND DER DICHTER

In Neustrelitz haben bis ins Jahr 1918 die Herzöge von Mecklenburg-Strelitz residiert, eine Herrschaft, die mit dem (vermutlichen) Selbstmord des Großherzogs Adolf Friedrich VI. endete. Während sich an ihn heute nur noch die wenigsten erinnern, ist Prinzessin Luise von Mecklenburg-Strelitz (1776–1810) im Gedächtnis der Menschen immer noch präsent. Als Gemahlin von Friedrich Wilhelm III. war sie Königin von Preußen und wird als schön und volksnah beschrieben. Zur Heldin wurde die Prinzessin, nachdem sie sich nach der Niederlage Preußens gegen Frankreich in die Friedensgespräche einschaltete und Napoleon um milde Friedensbedingungen bat. Der Franzose war zwar begeistert von ihrer Schönheit

und ihrem Auftreten, in der Sache aber blieb er hart. Trotzdem wurde Luise, die bereit war, sich für den Staat und ihren Gemahl vor Napoleon zu erniedrigen, der Liebling der Menschen. Ihr kurzes Leben – sie starb 1810 nur 34-jährig an einer Lungenerkrankung – trug weiter zur Legendenbildung bei. Zu ihrem Gedenken wurden 2001 die ersten Schlossgartenfestspiele in Neustrelitz mit der Operette „Luise, Königin der Herzen" eröffnet. Im „Luisenjahr" 2010 wurde das Werk von Johann Strauß dann noch einmal in dem herrlichen barocken Schlosspark aufgeführt.

Nur wenige Kilometer weiter nördlich, in Stavenhagen, kam im Todesjahr der Prinzessin der Mundartdichter Fritz Reuter (1810–1874) auf die Welt. Sein Name ist mittlerweile Bestandteil des Stadtnamens der Reuterstadt – ein Erbe der DDR. Die größte Sehenswürdigkeit am Ort ist das Geburtshaus des Schriftstellers, das ehemalige Rathaus, heute beherbergt es das Fritz-Reuter-Literaturmuseum. Dass Reuter trotz seiner Heimatverbundenheit auch Probleme mit seinen Landsleuten hatte, zeigen die Paragraphen 1 und 2 seiner mecklenburgischen Verfassung. Die lauten: „Allens bliwt bin' ollen – Alles bleibt beim Alten" und „Nix ward ännert – Nichts wird verändert".

MECKLENBURGS „KÖNIGIN DER HERZEN" STAMMTE AUS DEM OPERETTENHAFTEN NEUSTRELITZ.

Mit dem Hausboot

EINMAL ALS KAPITÄN UNTERWEGS

Die Mecklenburgische Seenplatte ist ein Paradies für Wassersportler und solche, die es werden wollen. An mehreren Orten kann man Hausboote mieten und ohne Bootsführerschein fahren.

Der erste Tag an Bord beginnt mit einer Einweisung durch den Skipper – und den ersten eigenen aufregenden Manövern.

„Ihr entscheidet, wann und wo ihr anlegt", sagt der freundliche Bootsmann, der uns vor dem Ablegen einen Kurzlehrgang im Hausbootfahren gibt. Und damit gibt er auch schon das Motto unserer Reise vor. Ohne Plan und Ziel schippern wir über die Seenplatte – einfach die Seele baumeln lassen oder vielleicht doch lieber die Angelrute. Denn das Nächste, was der Vermieter bei der Übergabe des Bootes gesagt hat, war: „Wenn ihr euch selbst versorgen wollt, dann ist das euer Kühlschrank." Dabei deutete sein Finger nicht in Richtung der kleinen, aber gut ausgestatteten Küche, sondern nach unten auf die Seeoberfläche.

ABENDESSEN AUS DEM SEE

Der kleine Scherz ist im Mietpreis inbegriffen. Die Fische, die man aus dem See holt, sind das auch. Vorausgesetzt, man hat seine Papiere in Ordnung: Den Touristenfischereischein haben wir gleich im Büro der Verleihstation gekauft, und eine Angel-

karte haben wir auch in der Tasche. Barsch, Hecht, Zander, Wels und Schleie sind nur einige der Fischarten, die uns der Vermieter als mögliche Beute nennt. Angel und Angelschein waren in unserem Fall allerdings eine Fehlinvestition, geangelt haben wir kaum. Dafür hatten wir viel zu viel Anderes zu tun. Lesen, Sonnenbaden oder einfach in die Luft schauen – und dann wieder ans Ufer. Und schließlich mussten wir uns von all den schrecklich anstrengenden Aktivitäten wieder erholen. Nudeln schmecken zum Abendessen ja auch ganz ausgezeichnet.

Und einer musste immer Ruder gehen, wie es seemännisch heißt, also am Steuer stehen bzw. sitzen. Einen Bootsführerschein hat keiner von uns, aber den braucht man auch nicht, wenn man mit dem Hausboot auf der Seenplatte unterwegs ist. Im Internet hatte es auf der Seite unseres Verleihers ganz aufmunternd geheißen, dass wir „schnell mit der Gelassenheit eines erfahrenen Skippers am Ruder stehen werden." Und so war es auch, zumal wir sicherheitshalber die sagenhafte Spitzengeschwindigkeit unseres Boots von zehn Stundenkilometern kein einziges Mal ausgereizt

Ohne Hektik durchpflügt
ein Hausboot sein Revier –
hier den Granzower See
bei Mirow.

haben. Wie gesagt, wir hatten anderes zu tun – lesen, sonnen, faulenzen und ein bisschen rumgucken. Willkommen im Land der Langsamkeit!

WUNDERBARE ENTSPANNTHEIT

Es ist nämlich wunderschön, auf der Mecklenburger Seenplatte unterwegs zu sein. Ein Wäldchen links, einmal sogar mit Reh, eine Wiese rechts, meistens mit Kühen, voraus ein Kirchturm, immer backsteinrot. Und Biber haben wir gesehen, ein paar Reiher und ganz viele Vögel, von denen keiner von uns die Namen kannte.

Wo genau wir mit unserem Boot unterwegs gewesen waren, wusste am Ende keiner von uns mehr so richtig. Gut, in Untergöhren am Fleesensee hatten wir das Boot übernommen, und dorthin haben wir es nach einer Woche auch wieder zurückgebracht. Wie aber die Seen, Flüsse und Kanäle alle hießen, die wir in der Zwischenzeit durchfahren haben? Doch wir hatten genug zu tun: lesen, sonnen, faulenzen ... Und die Mutigen von uns haben auch ausgiebig gebadet. Mir waren die 18 Grad Wassertemperatur zu frostig – das nächste Mal mache ich die Hausboottour im Hochsommer.

IM SICHEREN HAFEN

Das Anlegen an einer Marina übrigens sei gar nicht schwer, wurde uns bei der Einweisung versichert. Ausprobiert haben wir es nicht oft, sondern lieber in einer ruhigen Bucht Anker geworfen. Wobei „werfen" hier das falsche Wort ist. Der Anker wird beim Hausboot nämlich ganz vorsichtig mit einer Winsch – für Laien: einer Winde – zu Wasser gelassen. Und mit der wird er dann auch wieder an Bord geholt.

Informationen

....

Urlaub auf dem Wasser:
unter „Urlaub buchen" auf
www.auf-nach-mv.de

Hausbootvermieter (Auswahl):
Locaboat Holidays, Ludwigstr. 1
79104 Freiburg
Tel. 0761 20 73 70, www.locaboat.com

Le Boat, Theodor-Heuss-Str. 53–63
61118 Bad Vilbel, Tel. 06101 5 57 91 75, www.leboat.de

Kuhnle Tours, Hafendorf Müritz, 17248 Rechlin
Tel. 03982 32 6 60, www.kuhnle-tours.de

Ferien auf dem Wasser
Aschenreutestr. 1, 78591 Durchhausen
Tel. 07464 989 13 70
www.ferien-auf-dem-wasser.de

**Nur 12 Euro
für 12 Monate!**

Camping Key Europe – CKE.*

Damit gehen europaweit über 1 Million Camper auf Reisen.

Rabattkarte, Ausweisersatz und Versicherungsschutz in einem.
Weitere Informationen finden Sie auf **adac-shop.de/cke**

* Herausgegeben von ANWB Reizen B.V. (Wassenaarseweg 220, 2596 EC Den Haag),
  vertrieben durch die ADAC Medien und Reise GmbH (Hansastraße 19, 80686 München).

ADAC Medien und Reise GmbH

Stand: August 2021

ADAC

DAS BLAUE BAND MECKLENBURGS

Mehr als 1000 Seen machen die Mecklenburgische Seenplatte zum Paradies für Freizeitkapitäne jeder Art. Aber auch Fahrradfahrer, Wanderer und Vogelbeobachter sind hier bestens aufgehoben.

❶ Güstrow

Als „Barlachstadt" und „kleines Paris des Nordens" (29 000 Einw.) bekannt, hat die einstige Residenzstadt (1228–1436 und 1556–1695) des Güstrower Zweigs der Herzöge von Mecklenburg einiges zu bieten.

SEHENSWERT

Das **Schloss** (1558–1598), eines der bedeutendsten Renaissancegebäude Norddeutschlands, diente zeitweise als Kaserne und Gefängnis; heute beherbergt es ein Kunstmuseum (www.schloss-guestrow.de; Di.–So. 11.00–17.00 Uhr).
Im Stadtzentrum sind vor allem das **Rathaus** (1798) am Markt, das klassizistische **Theater** (1828) und der im 13. Jh. erbaute **Dom** sehenswert; im Inneren befindet sich die Barlach-Skulptur „Der Schwebende" TOPZIEL. Das Original des Ehrenmals für die Gefallenen des Ersten Weltkriegs war 1937 von den Nazis als „entartet" für Rüstungszwecke eingeschmolzen worden; die heutige Skulptur ist eine Kopie aus dem Jahr 1953. Ein weiteres Barlach-Werk, die Terrakottaplatte „Engel der Hoffnung", ist in der spätgotischen **Marienkirche** (14. und 16. Jh.) zu sehen.

MUSEEN

In der **Gertrudenkapelle** (Gertrudenplatz 1) und in seinem ehem. Wohnhaus, dem **Atelierhaus** am Inselsee TOPZIEL (Heidberg 15, www.ernst-barlach-stiftung.de; beide April–Okt. Di.–So. 10.00–17.00, Nov.–März Di.–So. 11.00–16.00 Uhr), sind wichtige Werke Ernst Barlachs ausgestellt. Im **Wildpark Mecklenburg-Vorpommern** (Verbindungschaussee 1, www.wildpark-mv.de; April–Okt. tgl. 9.00–19.00, Nov.–Feb. bis 16.00, März bis 18.00 Uhr) kann man u. a. im Aquatunnel einheimische Fischarten sehen und an Wolfswanderungen teilnehmen.

HOTEL

Direkt am Inselsee liegt das € € **Kurhaus am Inselsee** (Heidberg 1, 18273 Güstrow, Tel. 03843 85 00, www.kurhaus-guestrow.de).

INFORMATION

Güstrow-Information, Franz-Parr-Platz 10 18273 Güstrow, Tel. 03843 68 10 23 www.guestrow-tourismus.de

Güstrower Schätze: der Dom (oben) und der Flügelaltar (1522) in der spätgotischen Marienkirche (rechts)

❷ Plau am See

Die urspr. slawische Siedlung erhielt im 13. Jh. Stadtrecht. Mit gut erhaltenen Fachwerkbauten im Stadtkern gehört Plau am See (6000 Einw.) zu den schönsten Orten der mecklenburgischen Seenplatte.

SEHENSWERT

Die **Altstadt** ist wegen der gut erhaltenen historischen Bausubstanz sehenswert, darunter einige Fachwerkhäuser. Beachtung verdienen vor allem die Häuser in der Rahmwallstraße 1, Am Markt 13 und 15, Am Eichberg 13 und 15 sowie in der Stietzstraße.

MUSEEN

Das **Museum im Burghof** (Burgplatz 2; April bis Okt. tgl. 10.00–17.00 Uhr) zeigt u. a. Heimatkundliches und Werke des Bildhauers Wilhelm Wandschneider, des „kleinen Michelangelos aus Mecklenburg" (1866–1942): Plastiken, Gipsmodelle, Reliefs, Gemälde und Arbeitsgeräte sowie Schriftstücke und Fotos.

VERANSTALTUNG

Mitte Juli: **Plauer Badewannenrallye** (www.ilovewanne.de).

UMGEBUNG

Lübz (westl.; 6200 Einw.) ist seit 1877 durch seine Brauerei bekannt. Das **Kloster Dobbertin** (15 km nordw.; Urspr. 13. Jh.) auf einer Halbinsel des gleichnamigen Sees wurde 1837 nach Plänen von Karl Friedrich Schinkel neugotisch umgestaltet.
In **Stuer** (15 km südöstl.) ist der Bärenwald Müritz zu finden (www.baerenwald-mueritz.de; Mitte März–Okt. tgl. 9.00–18.00, Nov.–Mitte März tgl. 10.00–16.00 Uhr). Er bietet Bären, die unter unwürdigen Bedingungen in Zirkussen, kleinen Tierparks oder bei fahrenden Schaustellern lebten, in dem großen Freigehege eine neue Heimat.

INFORMATION

Tourist-Information, Marktstr. 20 19395 Plau am See, Tel. 038735 4 56 78 www.plau.de

Rhododendronblüte im Schlosspark von Neustrelitz vor der Schlosskirche

❸ Malchow

„Luftkurort" (6500 Einw.) nennt sich die Insel-
stadt – genehmigterweise wegen der einzig-
artigen Insellage der historischen Altstadt.

SEHENSWERT
Im 13. Jh. erfolgte die Klostergründung, an die
noch der Kreuzgang erinnert. Die neugotische
Kirche wurde bis 1890 errichtet. Sie beherbergt heute ein **Orgelmuseum** (Mai–Sept. Di.
bis So. 10.00–17.00, April, Okt. bis 16.00, Nov.,
Dez. Sa., So. 11.00–15.00 Uhr, http://www.
orgelmuseum-malchow.de/). Die gut erhaltene
Stadtmühle ist ca. 130 Jahre alt.

MUSEUM
Das **DDR-Museum** im ehem. Filmpalast (1957)
zeigt Alltagsgeschichte (Kirchenstraße 25;
Mai bis Sept. Di.–So. 10.00–17.00, April, Okt. bis
16.00, Nov., Dez. Sa, So. 11.00–15.00 Uhr).

INFORMATION
Fleesensee-Touristik Malchow, Kirchenstr. 11
17213 Malchow, Tel. 039932 8 31 86
www.tourismus-malchow.de

❹ Röbel

Das einst stille Müritzstädtchen (4900 Einw.)
hat sich zu einem beliebten Urlaubsstandort in
der Region entwickelt. Doch auch der Tourismus kann nicht allen Menschen hier Arbeitsplätze garantieren.

SEHENSWERT
Die **Altstadt** mit ihren Fachwerkhäusern und
der gotischen **Marienkirche** (13. Jh.) ist einen
Bummel wert. Vom 58 m hohen Kirchturm hat
man einen herrlichen Blick über die Müritz.
Ebenfalls aus dem 13. Jh. stammt die gotische
Nikolaikirche.

Tipp

Bis nach Dänemark

....

Über 630 km verbindet der Radweg
Berlin–Kopenhagen die Hauptstädte
Deutschlands und Dänemarks. 255 km
davon verlaufen durch Mecklenburg
– von Fürstenberg/Havel bis Rostock.
Die 16 Etappen, früher nur für durch-
trainierte Radler machbar, sind jetzt
auch für Freizeitfahrer kein Problem.
Schließlich sind an der Strecke in regel-
mäßigen Abständen Lade- bzw. Akku-
wechselstationen für E-Bikes zu finden.

INFORMATION
alles rund um Sehenswertes und
Unterkünfte auf der Internetseite
www.bike-berlin-copenhagen.com

VERANSTALTUNG
Das **Seefest** (Juli) ist das Volksfest der Region.

INFORMATION
Haus des Gastes, Straße der Deutschen
Einheit 7, 17207 Röbel, Tel. 039931 8 01 13
www.stadt-roebel.de

❺ Mirow

Malerisch an der Müritz-Havel-Wasserstraße
gelegen, bedeutet die slawische Gründung
„Ort des Friedens". Zentrum ist die Schlossinsel, einst Sommerresidenz der Herzöge von
Mecklenburg aus der Nebenlinie Strelitz.

SEHENSWERT
Die Schlossinsel betritt man durch ein Renais-
sancetorhaus, anschließend kommt man zum
barocken **Schloss**, das bis 1751 im Auftrag
Adolf Friedrichs III. erbaut wurde. Die Schloss-
kirche (Ursprung 14. Jh.) beherbergt die Fürs-
tengruft. Eine schmiedeeiserne Brücke führt
zur Liebesinsel mit dem Grabmal Adolph
Friedrichs VI., des letzten Großherzogs von
Mecklenburg-Strelitz.
Multimedial führt die Ausstellung im **Drei-
Königinnen-Palais** durch die Geschichte von
Mecklenburg-Strelitz (Schlossinsel 2a, www.
3koeniginnen.de; Do.–So. 11.00–17.00 Uhr).

UMGEBUNG
Das Luftfahrttechnische Museum in **Rechlin**
(15 km nordw.) stellt die Geschichte Rechlins
als Fliegerversuchsanstalt nach dem Ersten
Weltkrieg und als Stützpunkt der DDR- und
Sowjetarmee dar (www.luftfahrttechnisches-
museum-rechlin.de; April–Okt. tgl. 10.00–17.00,
Febr., März Mo.–Do. 10.00–16.00, Fr. 10.00 bis
15.00 Uhr).

INFORMATION
Tourist-Information, Schlossinsel
17252 Mirow, Tel. 039833 2 75 67, www.
mirow.m-vp.de, www.klein-seenplatte.de

❻ Neustrelitz

Die einstige Residenz der Herzöge von Mecklenburg-Strelitz (1733–1918) hat sich viel von

ihrem alten Charakter bewahrt. Im Sommer
zieht das Schlossgartenfest Besucher an.

SEHENSWERT
In den letzten Kriegstagen 1945 wurde das
Schloss zerstört, der **Schlosspark** blieb aber
erhalten und zählt zu den großen Sehenswürdigkeiten des Landes. Skulpturen, Wasserspiele
und romantische Wege zwischen alten Bäumen sorgen für ein besonderes Flair. Orangerie
(1755 und 1843), Luisentempel (1892), Marstall
(1872) und Schlosskirche (1859) bilden die
architektonischen Eckpunkte des Parks.
Im **Tiergarten** (Am Tiergarten 14, www.tier
garten-neustrelitz.de; Juni–Aug. tgl. 9.00 bis
19.00 Uhr, sonst kürzer) leben 450 Tiere.

VERANSTALTUNGEN
Im Juni finden die **Festspiele im Schlossgarten statt**, Deutschlands größtes Operetten-
festival.

UMGEBUNG
10 km östl. liegen bei **Carpin** die zum Müritz-
Nationalpark zählenden uralten Buchenwälder
von Serrahn. Auf Wander- und Radwegen ist die
einmalige Naturlandschaft kennenzulernen.

INFORMATION
Tourist- und Nationalparkinformation
Strelitzer Str. 1, 17235 Neustrelitz
Tel. 03981 25 31 19
www.neustrelitz-erleben.de

❼ Waren

Waren ist mit 21 000 Einw. die größte Stadt an
der Müritz. Der Nationalpark und die Möglichkeiten zu Wanderungen, Fahrradausflügen und
Touren auf dem See machen Waren zu einem
beliebten Urlaubsstandort im Müritzgebiet –
weitsichtige Investitionen taten das ihrige. Der
Jachthafen ist im Sommer immer belegt.

SEHENSWERT
Das **Alte Rathaus** (Urspr. 14. Jh.) und die **Georgenkirche** (Urspr. 13. Jh.) am Alten Markt
sowie das **Neue Rathaus** im Tudorstil (1797)
und die **Marienkirche** (Urspr. 13. Jh.; Blick
vom Turm) am Neuen Markt sind die Hauptan-
ziehungspunkte in der Altstadt.

MUSEUM

Attraktion Warens ist das Naturerlebniszentrum **Müritzeum TOPZIEL** (Zur Steinmole 1, www.mueritzeum.de; April–Okt. tgl. 10.00 bis 19.00, sonst tgl. 10.00–18.00 Uhr). Das Aquarium im Untergeschoss beherbergt nur Fische, die in Mecklenburg-Vorpommern leben. In den Obergeschossen dreht sich alles um die Moore und Wälder der Region.

RESTAURANT

Die € € **Paulshöhe** ist ein Ausflugslokal am Tiefwarensee. Im Sommer kann man unter alten Linden draußen sitzen (Paulshöhe 1, Tel. 03991 17 14 0, www.hotel-paulshoehe.de).

VERANSTALTUNGEN

Regatten und Umzüge prägen die **Müritz-Sail** im Mai. Warens Stadtfest ist das **Müritzfest** im Juli. **Müritzschwimmen** (Anf. Aug.).

INFORMATION

Tourist-Information, Neuer Markt 21
17192 Waren, Tel. 03991 74 77 90
www.waren-tourismus.de

⑧ Malchin

In landschaftlich traumhafter Lage bietet sich Malchin (7300 Einw.) als Standquartier an.

SEHENSWERT

Vom 67 m hohen Turm der in Backsteingotik erbauten **Johanniskirche** (um 1440) genießt man einen weiten Blick übers Land. Die **Stadtmauer** mit Steintor und Kalenschen Tor (beide 15. Jh.) ist teilweise erhalten. Auch der Fangelturm (35 m) stammt aus dem 15. Jh.

HOTEL

€ € € / € € **Schloss Schorssow** (Am Hausssee 3, 17166 Schorssow, Tel. 039933 790, www.schloss-schorssow.de) liegt romantisch am See – in der Wintersaison erstaunlich preisgünstig.

UMGEBUNG

Teterow (westl.) lockt mit einer gut erhaltenen Altstadt, der Pfarrkirche (13.–15. Jh.) und zwei Stadttoren aus dem 15. Jh. Im Malchiner Tor ist das Stadtmuseum (Südliche Ringstr. 1; Di.–Do. 10.00–12.00, 13.00–17.00, Fr. nur nachm., Sa. 10.00–16.00 Uhr) untergebracht. An Pfingsten strömen Motorradfans zu den Grasbahnrennen am Bergring.
In **Reuterstadt Stavenhagen** (östl.) dreht sich alles um Fritz Reuter (1810–1874). Das Fritz-Reuter-Literaturmuseum im ehem. Rathaus bietet u. a. eine umfangreiche Handschriftensammlung (Marktplatz, www.fritz-reuter-literaturmuseum.de; April–Okt. tgl. 10.00 bis 17.00, Nov.–März Di.–So. 10.00–17.00 Uhr). Im Mitte des 18. Jh. erbauten Schloss ist die Stadtverwaltung untergebracht.

INFORMATION

Stadtinformation, Am Markt 1, 17139 Malchin
Tel. 03994 64 01 11, www.malchin.de

REITEN AUF GANSCHOW

Mit rund 300 Tieren ist Gestüt Ganschow das größte seiner Art in Mecklenburg-Vorpommern. Pferdefreunde können hier Reitkurse und Ausritte buchen und die prächtigen Trakehner bei Hengstpräsentationen und Stutenparaden bewundern.

Egal ob Anfänger oder Profi – das Gestüt Ganschow südwestlich von Güstrow bietet für jeden Pferdefreund das Richtige. Während Könner durch Wälder, über sandige Wege und sogar durchs Wasser reiten, versuchen sich Anfänger unter der Anleitung erfahrener Reitlehrer an der Longe. Wer will, kann sein eigenes Pferd mitbringen und gegen Gebühr in den Stallungen des Gestüts unterstellen.

Auch im Reitsportzentrum in Alt Sammit bei Krakow am See werden Reitkurse angeboten. In dieser Außenstelle von Gestüt Ganschow finden zudem Reitlehrgänge mit Abzeichenprüfung statt, bei denen die Teilnehmer Unterricht in Theorie und Praxis

Gestüt Ganschow züchtet Mecklenburger Warmblut und Trakehner. Höhepunkt der Stutenparaden ist die größte freilaufende Pferdeherde Deutschlands.

bekommen. Wenn Sie die Prüfung bestehen, werden Sie mit dem Deutschen Reiterabzeichen belohnt. Wer nicht selbst reiten will, aber trotzdem ein Faible für Pferde hat, notiert sich am besten die Termine für die Ganschower Stutenparaden an den ersten drei Samstagen im Juli. Traditioneller Höhepunkt der Veranstaltung ist die größte freilaufende Pferdeherde Deutschlands.

Gestüt Ganschow: 18276 Ganschow, Tel. 038458 2 02 26
www.gestuet-ganschow.de

Reitsportzentrum Alt Sammit: Lindenstr. 2, 18292 Alt Sammit
Tel. 038458 2 02 26, www.schloss-alt-sammit.de

Lehrgänge: Die Reitlehrgänge, Spring- und Dressurlehrgänge finden in Reitsportzentrum Alt Sammit statt; eigene Pferde können zu den Kursen mitgebracht werden. Außerdem gibt es Fahrlehrgänge im Gestüt Ganschow.

Zwischen Rostock und Stralsund

*

DIE ERBEN
DER HANSE

*

Rostock und Stralsund sind die beiden bedeutendsten Städte entlang der Ostseeküste Mecklenburg-Vorpommerns. Die eine ist das wirtschaftliche Zentrum des Landes, die andere steht auf der Welterbeliste. Zwischen beiden liegt ein Streifen ehemaliger Inseln. Fischland, Darß und Zingst wetteifern mit herrlichen Sandstränden und wunderbarer Natur.

Vom Hafenbecken der Hafeninsel von Stralsund geht der Blick auf alte Speicher und die „Gorch Fock I".

Rostocks Treffpunkt und Bummelmeile
Kröpeliner Straße

In der „Kogge" in Rostocks Wokrenterstraße geht es seit rund 150 Jahren
so zu, wie man es von einer Schifferkneipe erwartet.

Die Wellen schlugen hoch bei der Einweihung 1980, denn Lebensfreude schrieb sich in der DDR anders:
Brunnen der Lebensfreude vor der altehrwürdigen Rostocker Universität.

Blick vom Vorort Gehlsdorf über die Warnow auf Rostocks Hafenquartier,
überragt von der Marienkirche

»ES IST DAS MEER, DAS
ROSTOCK ETWAS VON SEINER
KRAFT UND FREIHEIT IN DIE
WIEGE SPRITZTE, DAS VON
DEN BÜRGERN VERWEGENHEIT
VERLANGTE UND IHNEN
DAFÜR REICHTUM GAB ...«

Ricarda Huch in „Bilder aus dem alten Reich"

Es war wirklich kein Traumstart für Rostock. Nach dem ersten Wende-Freudentaumel 1989 ging es für die Stadt an der Warnow erst einmal wirtschaftlich bergab. Dabei war die Hoffnung groß gewesen bei den Menschen, die in den Monaten vor der Wende jede Woche für Demokratie und Freiheit demonstriert hatten. Der Abschluss der Donnerstagsdemonstrationen war immer die Marienkirche, in der der spätere Bundespräsident Joachim Gauck als Pastor tätig war.

FEHLSTART IN DIE NEUE ZEIT

Es schien klar, dass die größte Stadt des neuen Bundeslandes auch dessen Landeshauptstadt werden sollte. Überraschend kam es anders – schließlich ist Schwerin nicht einmal halb so groß wie Rostock und liegt alles andere als zentral, weit im Westen des Bundeslandes. Doch gerade die offensichtlichen Minuspunkte waren es, die als Argumente für Schwerin sprachen. Rostock traute man als Industriezentrum Mecklenburgs dagegen zu, auch ohne den Hauptstadtstatus die Umstellung auf das neue Wirtschaftssystem zu meistern. Eine Einschätzung, die sich im Nachhinein als ein wenig zu optimistisch erwiesen hat.

Dann flimmerten zwischen dem 22. und 26. August 1992 die Bilder vom Sturm auf ein Ausländerwohnheim im Rostocker Stadtteil Lichtenhagen über die Fernsehbildschirme. Angefeuert von teilweise bis zu 3000 „Nachbarn von nebenan", flogen Brandsätze und Molotowcocktails. Die Polizei, überfordert und damit beschäftigt, sich selbst zu schützen, sah den Angriffen auf das Ausländerwohnheim anfangs eher untätig zu. Nachahmertaten folgten an einigen Orten. Es bildete sich aber auch das Bündnis „Bunt statt Braun", das sich bis zum heutigen Tag gegen Fremdenfeindlichkeit einsetzt.

Immer mehr Menschen verließen ihre Stadt – nicht aus freien Stücken, sondern weil ihnen Rostock keine Zukunft mehr zu bieten schien. Die bekannten Betriebe aus DDR-Zeiten, allen voran die Werften, konnten im Kapitalismus nicht mehr bestehen. Ein Unternehmen nach dem anderen musste schließen und die, die überlebten, schickten blaue Briefe an die meisten ihrer Mitarbeiter. 50 000 Menschen wanderten in den ersten 15 Jahren nach der Wende ab. Inzwischen steigt die Einwohnerzahl, zwischenzeitlich weniger als 200 000, aber wieder an.

Die Rostocker Universität ist mit 13 000 Studenten nicht nur die größte im Land, sondern auch wichtigster Arbeitgeber der Stadt. Call-Center profitieren vom niedrigen Lohnniveau.

Gute Laune auf einem der Großsegler bei der Hanse Sail

Schiffsgenerationen treffen aufeinander, wenn sich die Kreuzfahrtschiffe bei der Hanse Sail weit warnowaufwärts bis vor Rostocks Hafenquartier wagen.

Die Rostocker Hafenkante wird während der Hanse Sail zum Rummelplatz für rund eine Million Besucher.

WACHSTUMSMARKT TOURISMUS

Auch der Tourismus wird von Jahr zu Jahr bedeutender, und inzwischen stimmt, was der kurz vor der Wende im VEB Tourist Verlag erschienene „Reiseführer DDR" euphemistisch beschrieb: „Das Fluidum einer Hafenstadt, die Schönheiten und kulturellen Werte einer alten Hansestadt und einer modernen Großstadt machen Rostock zu einem beliebten Anziehungspunkt im nationalen und internationalen Reiseverkehr."

Den Aufschwung im Tourismus hat sich Rostock redlich verdient, denn die Stadt hat ihren Besuchern einiges zu bieten. Die Marienkirche im Stil der Backsteingotik beispielsweise, die Stadttore oder das Rathaus am Alten Markt. Oder man gönnt sich an einer der Imbissbuden am Stadthafen ein Fischbrötchen oder eine Portion Backfisch. In der Fußgängerzone, der Kröpeliner Straße, lässt sich so manches Schnäppchen ergattern. Oder man fährt hinaus zum Zoo und schaut sich dort die neueste Sehenswürdigkeit der Stadt an: Das Darwineum ist eine Mischung aus Museum und Erlebniszentrum zum Thema Entwicklung der Menschheit.

MECKLENBURGS TOR ZUR WELT

Warnemünde war seit jeher mehr als nur ein Vorort von Rostock. Hier legen die Fähren in Richtung Schweden und

BEI DER HANSE SAIL IST IN ROSTOCK HALB NORDDEUTSCHLAND AUF DEN BEINEN.

Baltikum ab, hierher kommt man aber auch, wenn man einen Badeurlaub an einem herrlich langen Sandstrand verbringen will. Am Warnowufer reiht sich ein Restaurant ans andere, in der Sommersaison sind die Tische voll besetzt. Die Touristen drängen durch die engen Straßen, bei Backfisch-Udo stehen sie Schlange nach fangfrischen Leckereien.

Ein Hauch von Ascot beim Ladies' Day des 1822
gegründeten Doberaner Rennvereins

Ein Bild von norddeutscher Backsteingotik:
Bad Doberans Münster

Gemütlich in zweiter Reihe: die bildhübschen Kapitänshäuser in Warnemündes
Alexandrinenstraße. Einige werden als Ferienhäuser vermietet.

Fast 190 Kreuzfahrtschiffe gehen jedes Jahr in Warnemünde vor Anker, dem Hafen von Rostock. Damit ist der kleine Ort der größte Kreuzfahrthafen Deutschlands. Warnemünde boomt, und seine Gäste sind zufrieden. Das war nicht immer so – Theodor Fontane sagte bei seinem Besuch 1870 über Warnemünde: „Es wäre reizend, wenn es nicht so reizlos wäre."

Bad Doberan, gut zehn Kilometer westlich von Rostock gelegen, hat mit dem Münster eines der bedeutendsten Gebäude der norddeutschen Backsteingotik in seinen Stadtgrenzen. Bekannt ist die Stadt auch durch „Molli", eine ehrwürdige Schmalspurdampflok, die durch die Straßen der Stadt und hinüber ins benachbarte Kühlungsborn fährt. Beliebt ist die Bahn nicht nur bei Kindern, schon mancher Familienvater hat hier die Ausbildung zum „Lokführer" gemacht.

BERNSTEIN UND VINETA

Auf dem Weg von Rostock nach Stralsund legen nur die Wenigsten einen Zwischenstopp ein. Eigentlich schade, denn Ribnitz-Damgarten, die Grenzstadt zwischen Mecklenburg und Vorpommern, ist mehr als nur Sprungbrett nach Fischland und auf den Darß. Zumindest das Deutsche Bernsteinmuseum sollte auf der Reiseagenda stehen. Ähnliches

gilt für Barth, die „Durchgangsstation" auf dem Weg nach Zingst. Wer die Stadt auf der Umgehungsstraße „rechts liegen" lässt, verpasst die schöne Altstadt samt Marienkirche mit ihrem imposanten, fast 90 Meter hohen Turm. Und er verpasst ein gutes Stück Geschichte. Vor Barth soll nämlich die sagenhafte Stadt Vineta gelegen haben, einst wegen ihrer Überheblich- und Sittenlosigkeit mit Mann und Maus von einer Sturmflut verschlungen.

Allerdings meldet man auch auf Usedom Ansprüche an, und die Polen glauben, dass sich Vineta vor der Insel Wollin befand. Wo die Stadt nun wirklich gelegen und ob sie überhaupt existiert hat – archäologische Beweise konnte bislang noch niemand vorlegen. Das hat die Fantasie von Dichtern, Schriftstellern und Komponisten entzündet. Von Johannes Brahms über Heinrich Heine bis zur DDR-Rock-

legende „Puhdys" haben sich Hunderte Künstler der Legende angenommen.

NATURSCHUTZ IN WENDEZEITEN

Fischland, Darß und Zingst sind längst keine Inseln mehr. Es braucht weder Fähre noch Brücke, um von Ribnitz-Damgarten nach Wustrow oder Ahrenshoop zu kommen. Doch allzu lange ist es noch nicht her, dass aus den Inseln Halbinseln wurden. Nach einer großen Sturmflut 1827 verband man Fischland und Fest-

NOSTALGIE IN BAD DOBERAN: DURCH SCHMALE STRAßEN SCHNAUFT DIE DAMPFLOK „MOLLI".

land durch einen Damm; zur gleichen Zeit schüttete man einen Nebenarm der Prerow zu und verband so den Darß mit Zingst.

Große Teile der einstigen Inseln stehen heute unter Naturschutz. Das ist der letzten DDR-Regierung unter Lothar de Maizière zu verdanken, die 1990 den Nationalpark Vorpommersche Boddenlandschaft ausrief und gleichzeitig ein Fünftel der Fläche Mecklenburg-Vor-

Ahrenshoops Postkartenblick auf Strand und Dünen am Grenzweg

Die Zeit für einen Klönschnack im Garten muss einfach sein, bevor es hinuntergeht, um bei den Strandkörben nach dem Rechten zu sehen.

Auf die Schnelle 'ne Fischfrikadelle: Auch zum Hafen am Prerower Strom gehört ein Pannfischschiff.

pommerns unter Natur- bzw. Landschaftsschutz stellte. Damit wurden die Tiere und Pflanzen des Nordens zu Wendegewinnern. Nur in den chaotischen Wochen vor der Wiedervereinigung hatte die einzige frei gewählte DDR-Regierung die Chance, eine Entscheidung ohne Einfluss von Lobbyisten und Spekulanten zu treffen. Und die Pläne der Hotelketten und Touristikunternehmen, die sich sicher schon das eine oder andere Sahnegrundstück auf dem Merkzettel notiert hatten, mussten tief in den Schubladen bleiben.

Dort, wo sie vielleicht gerne Ferienburgen und Spaßbäder errichtet hätten, ziehen heute Seeadler ihre Kreise – und

das weitgehend ungestört. Denn die meisten, die im Sommer nach Fischland, auf den Darß oder nach Zingst kommen, wollen nur eines: baden. Die langen Sandstrände sorgen so indirekt dafür, dass das Leben abseits der Küsten weitgehend ungestört und einträchtig ablaufen kann – das der Seeadler und das der Menschen.

DIE NACKTE FREIHEIT
Prerow kannte jeder DDR-Bürger. Denn der Urlaub auf dem Campingplatz des Ortes war für viele ein Stück Freiheit. Einfach das Zelt in den Dünen aufschlagen und dann ab ins Wasser – und zwar so, wie Gott auch den sozialistischen

Menschen schuf. Nacktbaden war in der DDR normal. Das brachte manche Komplikation an die Strände, als nach der Wende die ersten westdeutschen Touristen kamen. Inzwischen hat man die Sache auf deutsche Art geregelt. Vorschriften unterteilen den Strand in Abschnitte für Nackte, Angezogene – und Hundebesitzer.

Ungeachtet der Kleiderfrage sollte man bei seinem Prerowbesuch auf jeden Fall bei der kleinen Seemannskirche vorbeischauen. Schiffsmodelle im Inneren und vor allem die Inschriften auf den Grabsteinen zeigen, dass die Seemannskirche ihren Namen nicht von ungefähr hat.

Zwischen den Traditionsfassaden der Stralsunder Hafeninsel scheint im Jahr 2008 etwas Außerirdisches gelandet zu sein: das Ozeaneum. Sein „Bauch" enthält unter anderem ein faszinierendes, knapp drei Millionen Liter Wasser fassendes Schwarmfischbecken.

Der eindrucksvolle Abschluss eines Ozeaneum-Besuchs:
Wale und andere Meeresriesen im Originalmaßstab

Makrelenschwarm im „Offenen Atlantik":
Aquarium im Ozeaneum

Segelschulschiff „Gorch Fock I"

Special

Ein Schiff kommt heim

Heute liegt die „Gorch Fock I" wieder im Hafen von Stralsund. Erbaut wurde die Dreimastbark 1933 in Hamburg, getauft auf den Künstlernamen des von den Nationalsozialisten vereinnahmten niederdeutschen Schriftstellers Johann Wilhelm Kinau. Kinau war 1916 eines der nahezu 9000 Opfer der Seeschlacht im Skagerrak.

Bis Ende des Zweiten Weltkriegs war das Kadettenschulschiff in Stralsund beheimatet. Um es nicht als Kriegsbeute in die Hände der heranrückenden Roten Armee fallen zu lassen, wurde es schließlich in der Nacht zum 1. Mai 1945 im flachen Sundgewässer vor den Toren der Stadt versenkt – letztendlich vergeblich.

Mehr als zwei Jahre lag es dort auf Grund, bevor es gehoben, restauriert und schließlich als Reparationsleistung unter dem Namen „Towarischtsch" („Genosse") im Dienst der sowjetischen und später ukrainischen

Gorch Fock I: Dreimaster mit Symbolkraft

Marine die Weltmeere durchkreuzte. Nach langen Irrfahrten und viel privatem Engagement Stralsunder Segelfreunde kam das Schiff 2003 endgültig zurück in seinen Heimathafen und liegt dort als Symbol für die lange Schifffahrttradition der Hansestadt vor Anker.

VON DEN MUSEN GEKÜSST

Ahrenshoop ist vor allem durch seine Künstlerkolonie bekannt, die sich Ende des 19. Jahrhunderts hier etablierte. Die reetgedeckten Häuser mit dicken, bunt bemalten Türen und gepflegten Vorgärten sind in der Tat malerisch. Mittellose Künstler könnten sich einen Urlaub in Ahrenshoop heutzutage vermutlich nicht mehr leisten, denn der Ort gehört zu den eher teureren an der Ostseeküste. Abseits des ebenfalls herrlichen langen Strands bewegt auch Zingst das Malerische. Hier hat man sich seit Jahren der Fotokunst verschrieben.

WERFTENKRISE UND WELTERBE

Stralsund ging nach der Wende einen ähnlichen Weg wie Rostock. Der politischen Freiheit folgte der wirtschaftliche Niedergang. Der Hauptarbeitgeber – die Volkswerft – konnte mit der billigeren Konkurrenz aus Asien nicht mithalten. Zu lange hatte man, von Kostendeckungsambitionen unbelastet, für den Hauptkunden, die Sowjetunion, produziert. Mehrmals wechselte die Werft den Besitzer, stets folgte ein Konkurs. Und jedesmal verloren immer mehr Arbeiter ihren Job. Inzwischen ist das Unternehmen im Besitz des malaysisch-chinesischen Schifffahrtsunternehmen Genting, das in Stralsund Luxusyachten herstellt.

Weit geht der Blick von Stralsunds Marienkirchturm – im Vordergrund der Neue Markt,
dahinter die Nikolaikirche am Alten Markt mit den Giebeln des Rathauses.

Zu den Kostbarkeiten der Stralsunder Marienkirche gehört die barocke Orgel
des Lübecker Orgelbaumeisters Friedrich Stellwagen.

Die jungen und vor allem die gebildeten Menschen wanderten schon lange ab. Von den 75 000 Menschen im Jahr 1989 lebten 2020 noch 59 000 in der Hansestadt, die eine weitere DDR-Hypothek erfolgreich abgetragen hat. Noch mehr als in anderen Städten des Ostens war Stralsunds Altstadt zu DDR-Zeiten dem Verfall preisgegeben worden. Zum Besuch des damaligen schwedischen Ministerpräsidenten Olof Palme 1984 wurde die Innenstadt einer schnellen Pinselsanierung unterzogen, die Herrn Potemkin erfreut hätte. Dabei blieb es. Die Menschen zogen hinaus in die Plattenbauvorstädte Knieper und Tribseer Vorstadt. Die historische Altstadt blieb so aber mit ihren Meisterwerken aus der Zeit der Backsteingotik vor „städtebaulichen Eingriffen" verschont, verfiel zwar allmählich, zum Abriss fehlte aber das Geld. Und so konnten nach 1991 die Renovierungen beginnen.

Allen Krisen zum Trotz hat sich viel getan. Mit dem Deutschen Meeresmuseum und dem Ozeaneum ist man in Stralsund zu Recht stolz auf zwei Ausstellungsorte, die sich auf internationalem Niveau mit dem Thema Wasser auseinandersetzen. Und die Altstadt mit Pretiosen wie dem Rathaus, dem Wulflamhaus und den drei Stadtkirchen St. Nikolai, St. Jakobi und St. Marien gehört städtebaulich zum schönsten, was der deutsche Norden zu bieten hat. Die UNESCO hat Stralsund zusammen mit Wismar zu Welterbestätten erhoben.

TOR NACH RÜGEN

Wer heute nach Stralsund kommt, steht nicht mehr ständig im Stau. Die neue Strelasundquerung entlastet den alten Rügendamm und lenkt den Verkehr schneller auf Deutschlands größte Insel. Die Rügennähe ist für Stralsund Segen und Fluch zugleich. Zwar kommen die Besucher zu Tausenden zu Tagesausflügen in die Stadt. Ihren Urlaub aber verbringen sie in den Strandbädern auf Rügen. Und dort geben sie dann auch ihr Geld aus.

Die Stralsunder Schwedentage auf dem Alten Markt sollen an die Zeit der schwedischen Herrschaft in Pommern erinnern, zugleich aber auch Besucherportemonnaies öffnen.

Mitten in der bunten Fassadenreihe des Alten Markts prunkt das um 1380 erbaute Wulflamhaus.

Die besten Strände

WELLENSPASS AM OSTSEESTRAND

Strände gibt es entlang der Ostseeküste in Mecklenburg-Vorpommern mehr als genug. Nicht umsonst ist das Bundesland im Nordosten die beliebteste Feriendestination Deutschlands. Wo aber liegen nun die besten Strände? Unser Ranking verrät es.

③ Ahlbeck auf Usedom

Warum nicht dort baden, wo einst der Kaiser in der Sommerfrische war? Feiner Sand, Strandkörbe, ein Spielplatz und das flache Wasser machen den Strand von Ahlbeck zum Familienliebling. Die alte Seebrücke, auf der man sich im Restaurant stärken kann, bleibt dabei im Blick. Und ein Filmstar ist die alte Brücke auch: In Loriots Film „Pappa ante portas" hat sie einen großen Auftritt.

Tourismus Information
Dünenstr. 45
17419 Seebad Ahlbeck
Tel. 038378 49 93 50
www.kaiserbaeder-auf-usedom.de

④ Binz auf Rügen

Strandkorb im Sand und der Prosecco im Restaurant dahinter … Strandurlaub in Binz ist nicht nur Badeurlaub, sondern Lebensgefühl. Da hier das Promenieren, das Sehen und Gesehenwerden ebenso wichtig ist wie das Baden im Meer, hat man bereits kurz nach der Wende eine Seebrücke erbaut, die Strandpromenade rekonstruiert und auf 3,2 Kilometer verlängert.

Kurverwaltung
Heinrich-Heine-Str. 7
18609 Ostseebad Binz
Tel. 038393 14 81 48
www.ostseebad-binz.de

① Die Nr. 1 auf Hiddensee

Im Westen der Insel erstreckt sich ein kilometerlanger Sandstrand, der nicht nur zum Baden, sondern auch zum Spazierengehen ideal ist. Bei viel Wind sind die Chancen, Bernstein zu finden, besonders gut. Tipp: Benutzen Sie die Strandabschnitte abseits der Gemeinden, dann haben Sie Hiddensee auch in der Hochsaison fast für sich allein.

② Darßer Weststrand

Die Halbinselkette Fischland-Darß-Zingst bietet Strände für jeden Geschmack. Herausragend ist der 13 Kilometer lange Weststrand auf dem Darß. Er wurde sogar schon vom Fernsehsender Arte zu einem der zehn schönsten Strände weltweit gekürt. Zu Recht: Denn hier ist man so weit vom Tourismus entfernt, wie dies in der viel besuchten Urlaubsregion nur möglich ist. Kein Strandkorb weit und breit, dafür liegen vom Sturm entwurzelte Bäume malerisch im Sand. Aber nur wer aktiv ist, dem ist das kleine Paradies vergönnt. Denn den Weststrand, der direkt an den Darßwald grenzt, kann man nur zu Fuß oder mit dem Fahrrad erreichen.

18375 Born a. Darß
Karte unter www.fischland-darss-zingst.de
Suchbegriff „Weststrand"

5 Suhrendorf auf Ummanz

Zwischen Rügen und Hiddensee schiebt sich die kleine Insel Ummanz, auf der nur wenige Dörfchen liegen. Eine Brücke verbindet dieses besondere Fleckchen Erde mit Rügen. Zugegeben: Wer schwimmen will und breite Sandstrände sucht, wird den Strand von Suhrendorf an der Westseite von Ummanz nicht in ein Ranking aufnehmen. Wer aber surfen lernen will oder Familie hat sowie für all diejenigen, die abseits des Trubels Ruhe suchen, ist Suhrendorf „the beach to be". Wer bleiben will, der kann gleich am Campingplatz übernachten. Als Bonus bietet Ummanz den vielleicht schönsten Sonnenuntergang von Rügen, wenn die Sonne hinter Hiddensee feurig im Meer versinkt.

Ummanz Info
Neue Str. 63 a
Tel. 038305 5 34 81
18569 Waase/Ummanz
www.ruegeninsel-ummanz.de

6 Graal-Müritz

Der fünf Kilometer lange und bis zu 40 Meter breite, feine Sandstrand von Graal-Müritz zählt zu den schönsten der Ostsee. Einladend ist aber auch das Umland mit dem Waldgebiet der Rostocker Heide und dem Ribnitzer Großen Moor. Tipp: FKK-Freunde treffen sich zwischen Mittelweg und Müritz-Ost.

Tourismus- und Kur GmbH
Rostocker Str. 3
18181 Ostseeheilbad
Graal-Müritz
Tel. 038206 70 30
www.graal-mueritz.de

7 Groß Schwansee im Klützer Winkel

Zu DDR-Zeiten waren die Strände des Klützer Winkels für die DDR-Bürger tabu – zu nah am Westen, die Freiheit war in Sicht- und Schwimmdistanz. Irgendwie hat man aber auch nach der Wende diese Ecke Deutschlands vergessen. Im Vergleich zu den anderen Ostseebädern geht es hier sehr geruhsam zu. Einsame Strände gibt es hier noch einige zu entdecken – besonders schön ist der hinter dem Schlossgut Groß Schwansee. Eine lange Lindenallee führt vom Schloss zum Meer. Tipp: Der ehemalige Kolonnenweg hinter den Dünen, wo früher die NVA Patrouille fuhr, dient heute als Radweg am Wasser entlang.

Stadtinformation Klütz
Im Thurow 14
23948 Klütz
Tel. 038825 2 22 95
www.kluetz-mv.de

UNTERWEGS ZU BACKSTEIN UND BODDEN

Das wirtschaftlich bedeutende Rostock und das als Welterbe geadelte Stralsund sind die wichtigsten Städte an der mecklenburg-vorpommerschen Ostseeküste. Zwischen beiden erstreckt sich die von Bodden geprägte Urlaubslandschaft Fischland-Darß-Zingst, einst separate Inseln, die zu einer Halbinselkette zusammengewachsen sind.

❶ Bad Doberan

Ein 1186 gegründetes Zisterzienserkloster war der Ursprung des Badeortes (12 600 Einw.), im 18. Jh. Sommerresidenz der mecklenburgischen Herzöge aus Schwerin. Zur Stadt gehört auch das Ostsee-Seebad Heiligendamm.

SEHENSWERT
Das **Münster** gehört zu den herausragenden Bauwerken norddeutscher Backsteingotik (1295–1368). Im Innenraum ist der Großteil der urspr. Einrichtung erhalten, darunter der Flügelaltar (1310), ältester seiner Art in Deutschland (www.muenster-doberan.de; Mai–Sept. Mo.–Sa. 9.00–18.00, So. 11.00–18.00, März, April, Okt. Mo.–Sa. 10.00–17.00, So. 11.00 bis 17.00, Nov.–Feb. Mo.–Sa. 10.00–16.00, So. 11.00–16.00 Uhr). Um 1800 entstand die englische **Parkanlage Kamp**, in der das klassizistische herzogliche Palais, zwei chinesische Pavillons und ein Salongebäude stehen. „Weiße Stadt am Meer" nennt sich **Heiligendamm** wegen seiner weißen Häuser am Strand. 1793 gegründet, entwickelte es sich bald zum Treff des Adels und Großbürgertums.

MUSEUM
Heiligendamm und Bäderwesen sind Schwerpunkte im **Stadt- und Bädermuseums** (Beethovenstr. 8, Di.–Sa. 11.00–16.00 Uhr).

INFORMATION
Tourist-Information
Klosterstraße 1c (im Besucherzentrum Marstall – Alte Vogtei), 18209 Bad Doberan
Tel. 038210 6 21 54
https://bad-doberan-heiligendamm.de

❷ Rostock

Rostock (209 000 Einw.) ist die größte Stadt Mecklenburg-Vorpommerns, Handels- und Wirtschaftsmetropole der Region. Die Hansestadt gehörte im 14./15. Jh. zu den bedeutenden Handelsorten im Ostseeraum, 1419 entstand hier eine der ältesten Universitäten Deutschlands. Zu DDR-Zeiten war Rostock ein „Tor zur Welt".

SEHENSWERT
Am Neuen Markt nimmt die Fußgängerzone Kröpeliner Straße ihren Anfang. Am Markt erhebt sich das **Rathaus** aus dem 13. Jh. (im 18. Jh. barockisiert). Östlich dahinter zeigt das **Kerkhoffhaus** (1470) eine beeindruckende Backsteinfassade. Gegenüber dominiert die wuchtige backsteingotische **Marienkirche** das Bild (1230–1452) mit einem ungewöhnlich kurzen Langhaus und relativ großen Querhäusern. Im Innern beeindrucken das knapp 3 m hohe bronzene Taufbecken (13. Jh.), der Rochusaltar von 1530 und die Kanzel von 1574. Der Rostocker Marienteppich (16. Jh.) ist die größte erhaltene Textilarbeit Mecklenburgs. Die Astronomische Uhr wurde 1472 in Nürnberg konstruiert (um 12.00 Uhr Apostelumgang auf dem Ziffernblatt).
Das Hauptgebäude der **Universität** (1867) ist nur von außen zu besichtigen, auf dem Vorplatz lohnt ein Blick auf den Brunnen der Lebensfreude (1980).
Den besten Blick über die Stadt genießt man von der 44 m hohen Aussichtsplattform der **Petrikirche** (14. Jh.). Ihr Turm aus dem 16. Jh. ist mit 117 m Landmarke und höchstes Gebäude der Stadt (www.petrikirche-rostock.de; Aufstieg Mai–Sept. tgl. 10.00–18.00, sonst tgl. 10.00–16.00 Uhr). Die **Nikolaikirche** (Urspr. 13. Jh.), ältestes Gotteshaus der Stadt, ist Ausstellungsort und bietet Raum für Konzerte (www.nikolaikirche-rostock.de).

MUSEEN
Das **Kulturhistorische Museum** (Klosterhof 7, www.kulturhistorisches-museum-rostock.de; Di.–So. 10.00–18.00 Uhr) präsentiert im Kloster zum Heiligen Kreuz (1270 gegr.) Stadtgeschichte und u. a. Werke aus den Künstlerkolonien Ahrenshoop und Schwaan. In der etwas außerhalb gelegenen **Kunsthalle** (Hamburger Str. 20, www.kunsthallerostock.de; Di.–So. 11.00–18.00 Uhr) wird deutsche Kunst des 20. Jh. ausgestellt. Das **Schiffsbau- und Seefahrtsmuseum** illustriert maritime Geschichte; es befindet sich an Bord des Frachters „Dresden", der in Schmarl am IGA Park festgemacht hat (www.schifffahrtsmuseum-rostock.de; April–Okt. Di.–So. 10.00–18.00, sonst Di.–So. 10.00–16.00 Uhr).

Im Rostocker Darwineum

Stolz ist man im **Rostocker Zoo** vor allem auf seine Eisbärenzucht (Barnstorfer Ring 1, www.zoo-rostock.de; Mai–Aug. tgl. 9.00–18.00, sonst tgl. 9.00–16.00/17.00 Uhr). Eine zusätzliche Attraktion ist das **Darwineum**, das auf 20 000 m² zu einer Zeitreise durch die Entwicklung des Lebens vom Einzeller über Quallen, Schnecken, Dinosaurier, Säugetiere bis zum Menschen einlädt. Eine zweite Ausstellung zeichnet die kulturelle Evolution des Menschen nach. Die unumstrittenen Publikumslieblinge sind aber die Gorillas und Orang-Utans in ihrem Freigelände (www.darwineum-zoo-rostock.de). 2015 wurde der Rostocker Zoo in der Kategorie „mittelgroße Zoos" zum besten Europas gewählt.

RESTAURANT
Gute Hausmannskost und ausgezeichneten Blick aufs Wasser gibt es in € € € / € € **Otto's Restaurant und Hafenbar** (Am Stadthafen 70, Tel. 0160 3 76 83 56, www.ottos-restaurant schiff.de). Das an einen schwimmenden Wintergarten erinnernde Restaurant bietet auch bei kühlem Wetter „Meergefühl".

VERANSTALTUNG
Herausragendes Ereignis ist die **Hanse Sail TOPZIEL** (Aug.) mit Großseglern und Hunderten kleiner Schiffe.

UMGEBUNG

Das Seebad **Warnemünde** ist Naherholungsziel der Rostocker und beliebter Ferienort für Touristen. Entsprechend voll ist es an Sommerwochenenden. Entlang dem Alten Strom reihen sich die Restaurants. Die Wahrzeichen Warnemündes liegen Seite an Seite an der Flussmündung: der Leuchtturm (1898; www.warnemuende-leuchtturm.de; Ostern–Sept. tgl. 10.00 bis 18.30 Uhr) und der „Teepott" (1968) mit geschwungenem Dach, ein Café.

INFORMATION

Tourismuszentrale
Universitätsplatz 6
18055 Rostock, Tel. 0381 3 81 22 22
www.rostock.de

Touristik-Information
Am Strom 59 (Ecke Kirchenstraße)
18119 Rostock-Warnemünde
Tel. 0381 3 81 22 22
www.warnemuende.de

Tipp

Bismarcks Hering

Er kommt aus Stralsund. Erfunden wurde der Bismarckhering 1850 von der Gaststättenbesitzersgattin Caroline Wiechmann, kreativer Geist des Hauses. Größter Renner war ihr speziell marinierter fangfrischer Hering. Einen Lotteriegewinn investierten die Wiechmanns in eine Fischfabrik, um „ihren" Hering in Dosen zu verpacken.
Allein, es fehlte ein zündender Name. Als patriotische Geister schickten sie ein paar Konserven an Reichskanzler Bismarck und ließen anfragen, ob sie ihre Spezialität nach ihm benennen dürften. Bismarck, ein leidenschaftlicher Fischesser, schätzte den Stralsunder Hering und gab seine Zustimmung. Das Originalrezept verwendet nur noch Fischer Rasmus in Stralsund.

FISCHER RASMUS

Heilgeiststr. 10, 18439 Stralsund
Tel. 03831 28 15 38
https://fischhandel-rasmus.de

❸ Ribnitz-Damgarten

Die Stadt (15 200 Einw.) liegt an der Grenze zwischen Mecklenburg und Vorpommern – Ribnitz gehört zu Mecklenburg, Damgarten zu Vorpommern.

SEHENSWERT

Am Marktplatz steht die **Stadtkirche St. Marien** aus dem 13. Jh. (Umbauten 1759). Die **Klosterkirche** des früheren Klarissinnenklosters zeigt u. a. „Ribnitzer Madonnen", Holzbildwerke aus den einstmals zahlreichen Altären.

MUSEUM

Europas größte Bernsteinausstellung zeigt das **Deutsche Bernsteinmuseum** (Im Kloster 1–2, www.deutsches-bernsteinmuseum.de; April–Okt. tgl. 9.30–18.00, sonst Di.–So. 9.30 bis 17.00 Uhr). In der **Schaumanufaktur von Ostsee-Schmuck** kann man bei der Bernsteinverarbeitung zusehen (An der Mühle 30, www.ostseeschmuck.de; Mo.–Fr. 9.30–18.00, Sa. 9.30–16.00 Uhr).

INFORMATION

Stadtinformation, Am Markt 14
18311 Ribnitz-Damgarten, Tel. 03821 22 01
www.ribnitz-damgarten.de

❹ Fischland, Darß, Zingst

Die drei einstigen Inseln bilden mittlerweile ein großes Ostseebad, mittig unterbrochen von der geschützten Darßer Landspitze.

SEHENSWERT

Ahrenshoop ist durch seine Ende des 19. Jh. von Paul Müller-Kaempff (1861–1941) gegründete Künstlerkolonie bekannt. Reetgedeckte Häuser mit bunten Türen prägen das „alte" Ortsbild. **Wustrow** mit seiner Dorfkirche von 1873 (Aussicht vom Turm) ist der älteste Ort auf Fischland und trotzdem vom Tourismus am wenigsten entdeckt. **Prerow** eignet sich gut für einen Badeurlaub. Hauptattraktion ist der 80 m breite Nordstrand. Am Ortsausgang Richtung Zingst liegt die Seemannskirche von 1728. Im Hafen legen Ausflugsschiffe zu Bodden-

Lachmöwe im Rostocker Hafen (links); Zeesenboote (oben) waren die typischen Boddenschiffe.

Rundfahrten ab. **Zingst,** Hauptort der gleichnamigen Halbinsel, lockt mit seinem Sandstrand. Einst waren Zingster als Seefahrer bekannt; 1880 lebten mehr als 80 Kapitäne hier. Sehenswert ist die Dorfkirche, 1862 nach Plänen Friedrich August Stülers erbaut.

MUSEEN

Das mehrfach ausgezeichnete **Kunstmuseum Ahrenshoop** zieht Freunde der Kunst des späten 19. und 20. Jh. an (Weg zum Hohen Ufer 36; April–Okt. tgl. 11.00–18.00, Nov.–März Di. bis So. 10.00–17.00 Uhr, www.kunstmuseum-ahrenshoop.de): regelmäßige Sonderausstellungen. Das **Darß-Museum** informiert über die Natur der Halbinsel (Waldstr. 48, Prerow, Mai–Okt. Di.–So. 10.00–18.00, sonst Fr.–So. 13.00–17.00 Uhr). In einem Kapitänshaus liegt das **Zingster Heimatmuseum** (Strandstr. 1-3a; Nov.–März Do.–Di. 10.00–16.00, April bis Okt. tgl. 10.00–18.00 Uhr).

ERLEBEN

Zwischen Ahrenshoop und Wustrow liegt das **Hohe Ufer,** ein steiles Kliff mit weitem Blick auf die Ostsee (Achtung Abbruchgefahr). Zu Fuß, mit dem Fahrrad oder der Pferdekutsche erreicht man die 6 km nördl. von Prerow gelegene Landspitze **Darßer Ort** mit 35 m hohem Leuchtturm (1848). Zu Fuß oder per Rad geht es von Zingst nach **Pramort** am östl. Ende der Halbinsel, wo es Plattformen zur Vogelbeobachtung gibt). Im Herbst kann man hier Kraniche beobachten. Um die Tiere nicht zu stören, ist der Zugang reglementiert.

INFORMATION

Kurverwaltung Ahrenshoop, Kirchnersgang 2
18437 Ostseebad Ahrenshoop
Tel. 038220 66 66 10
www.ostseebad-ahrenshoop.de
www.ostseebad-prerow.de, www.zingst.de

❺ Stralsund

Die Stadt (59 000 Einw.) am Strelasund ist seit 2002 als UNESCO-Welterbestätte gelistet. Der Grundstein dafür wurde von dem Gründungsmitglied der Hanse (1293) im 13. Jh. gelegt. Mit dem Bau des Rügendamms 1936 kam der Fremdenverkehr.

SEHENSWERT

Der **Alte Markt** ist das Herzstück der **Alt-stadt** TOPZIEL. Um ihn und in den umliegenden Straßen gruppieren sich ansehnliche Bürgerhäuser. Das Commandantenhus (1751) war zur Zeit Schwedisch-Pommerns (1648–1815) Sitz der schwedischen Kommandantur. Das Wulflamhaus (um 1350) an der Nordwestseite gehört zu den am besten erhaltenen mittelalterlichen Bürgerhäusern, das wiederholt erweiterte **Rathaus** (Urspr. um 1370) zu den Meisterwerken norddeutscher Backsteingotik. Am Rande der Fußgängerzone in der Ossenreyerstraße erhebt sich die **Nikolaikirche** (13. u.14. Jh.), besterhaltene und zugleich älteste der drei Stralsunder Stadtkirchen. Aus den Kunstwerken ragen die 1280 entstandene Figurengruppe der Anna Selbdritt, die Astronomische Uhr und der Hochaltar heraus. Die **Jakobikirche** (Urspr. 15. Jh.) wurde im Zweiten Weltkrieg stark zerstört; nach Abschluss der Renovierungsarbeiten in den letzten Jahren dient sie Konzerten und Theateraufführungen. Am Neuen Markt ragt die **Marienkirche** (14. und 15. Jh) auf, eine der größten Kirchen Norddeutschlands. Der achteckige Turm ist 104 m hoch; von seiner Aussichtsplattform geht der Blick weit über Stralsund und die Insel Rügen.

MUSEEN

36 Aquarien, Deutschlands größtes Meeresschildkrötenbecken und ein 15 m langes Finnwalskelett, effektvoll im Chor einer ehem. Kirche präsentiert, sind nur einige der Attraktionen, die im **Meeresmuseum** auf die Besucher warten (Katharinenberg 14–20, www. meeresmuseum.de; wegen Umbauarbeiten bis 2023 geschl.). Besuchermagnet ist jedoch das **Ozeaneum** TOPZIEL. Höhepunkte sind Tunnelaquarium, Walausstellung und Gezeitenbecken (Hafenstr. 11, www.ozeaneum.de; Juni–Sept. tgl. 9.30–20.00, sonst tgl. 9.30–18.00 Uhr). Das **Stralsund Museum** ist auf drei Standorte verteilt. Am interessantesten ist die Abteilung zur Stadtgeschichte; dort ist auch der Hiddenseer Goldschmuck zu sehen (Mönchstr. 25; Di. bis So. 10.00–17.00 Uhr) im alten Katharinenkloster (13.–15. Jh.).

ERLEBEN

Schon seit 1827 wird in Stralsund Bier gebraut. Führungen mit Verkostung bietet die **Störtebeker Brauerei** (www.stoertebeker.com).

RESTAURANTS

Die € € **Brasserie** (Neuer Markt 2, Tel. 03831 70 35 14, https://brasserie-stralsund.de) bringt das Flair von Paris an den Sund. Im Braugasthaus € € **Zum Alten Fritz** (Greifswalder Chaussee 84, Tel. 03831 25 55 00, www.alter -fritz.de) ist die Küche deftig.

VERANSTALTUNGEN

Wallonsteintage, Sundschwimmen (Juli)

INFORMATION

Tourismuszentrale, Alter Markt 9
18439 Stralsund, Tel. 038325 23 40
www.stralsundtourismus.de

UNTER BEOBACHTUNG

Auf dem Weg in ihre Überwinterungsgebiete in Südeuropa und Nordafrika machen jedes Jahr von Mitte September bis Mitte Oktober 70 000 Kraniche an den Küsten vor Rügen und dem Darß Rast. Dann kommen auch Tausende von Vogelfreunden. Deren erster Anlaufpunkt sollte das Kranich-Informationszentrum in Groß Mohrdorf, etwa 15 km nordwestlich von Stralsund, sein. Hier informiert man sich aktuell über die Standplätze der Tiere, über Beobachtungshütten und versorgt sich mit Informationsmaterial.

Die Inseln Bock und Kirr im Osten bzw. südlich von Zingst sind die bevorzugten Rastplätze der Kraniche. Am besten kann man die Tiere, die abends und bis in die Nacht laut trötend an ihren Schlafplätzen landen, an den Beobachtungsstellen in Bisdorf und bei Pramort im Osten der Halbinsel Zingst beobachten. Tagsüber halten sich die Kraniche meist auf abgeernteten Getreide- und Maisfeldern auf. Häufig sieht man die Tiere dann auf den Feldern entlang der Bundesstraße 105 zwischen Ribnitz-Damgarten und Stralsund. Tipp: Mit dem Auto kann man sich den Tieren besser nähern als zu Fuß. Da sie den Menschen seit alters als Feind betrachten, löst eine menschliche Silhouette bei Kranichen schnell Fluchtinstinkte aus.

Der Graukranich (lat. Grus grus) ist deutlich größer als jeder Storch oder Graureiher. Im Stehen misst er 1,20 Meter, seine Flügelspannweite beträgt bis zu 2,20 Meter.

Auch im Müritz-Nationalpark sind Kraniche zu sehen. Hier rasten die Vögel auf ihrem Weg in den Süden – allerdings sind es wesentlich weniger, „nur" um die 7000 Tiere.

Kranichzentrum Groß Mohrdorf: siehe S. 37

Tourismusverband Fischland-Darß-Zingst:
Barther Str. 16, 18314 Löbnitz, Tel. 038324 64 00
www.fischland-darss-zingst.de

Nationalparkamt Müritz
Schlossplatz 3, 17237 Hohenzieritz, Tel. 039824 25 20
www.mueritz-nationalpark.de

Kranichführungen organisiert der Nationalpark-Service in Fedorow unter Tel. 03991 66 88 49

Die Inseln

*

ADEL, KÜNSTLER UND DAS VOLK

*

Die Inseln, zuvorderst natürlich Usedom, Rügen und auch
Hiddensee, sind die Favoriten
in Mecklenburg-Vorpommern –
aus Sicht der meisten Urlauber
jedenfalls. Jeder schwärmt von
ihnen, von langen Sand-
stränden, den gemütlichen
Strandkörben, bunten Fisch-
kuttern und den reetge-
deckten Fischerhäusern.

**Die Ahlbecker Seebrücke: Über alle Jahrzehnte wurde der Stil
des ersten Baus aus den 1880er-Jahren beibehalten.**

Seit gut 100 Jahren ist das Kurhaus Binz Wahrzeichen des Ostseebads,
das 1994 nach alten Vorbildern wieder eine Seebrücke erhielt.

„Nach Rügen reisen, heißt nach Sassnitz reisen", schreibt Theodor Fontane in „Effi Briest".
Schöne alte Häuser erinnern in Sassnitz' Altstadt an den Glanz der Bäderzeiten.

Der Circus von Putbus entstand in der ersten Hälfte des 19. Jahrhunderts.
Größtes Gebäude am Rondells ist das ehemalige Königliche Pädagogium Putbus.

Ganz im Norden Rügens, auf der Halbinsel Wittow, steht das wohl im 13. Jahrhundert
errichtete Gotteshaus von Altenkirchen, eines der ältesten der Insel.

Die Luft ist klar und salzig. Es riecht nach Urlaub und Entspannung. Im Sommer sind die Hotels auf den Inseln meist ausgebucht, in den Privatzimmern bekommt man kein Bett mehr – vorausgesetzt, sie sind in Küstennähe. Denn auch hier gilt: je näher zum Meer, desto gefragter. Im Sommer sind die Staus auf den Zufahrtstrecken oft länger als die Sandstrände.

HERRSCHAFTLICHE INSELECKE

Rügen ist die größte deutsche Insel. Da war es nur passend, dass Fürst Malte von Putbus Anfang des 19. Jahrhunderts versuchte, einen Hauch großer weiter Welt auf die Insel zu bringen. Der Circus von Putbus sollte den schöngeistigen Fürsten an sein Lieblingsland Italien erinnern.

»PUTBUS, DAS MIT SEINEN WEISSEN HÄUSERN WIE EINE THEATERDEKORATION [...] LEUCHTET«.

Reise-Novellen von Heinrich Laube, 1847

Der runde Platz, von 16 weißen klassizistischen Häusern umschlossen, könnte auch in einer toskanischen Stadt stehen. Das kleine Theater, für die Aufführungen des fürstlichen Hofes errichtet, ist heute Schauplatz der Putbuser Festspiele.

Eine dazu wunderbar passende, weil so herrlich gestrig wirkende Möglichkeit von Putbus in das berühmteste Ostseebad der Insel, nach Binz, zu kommen, ist der „Rasende Roland". Wobei der kleine Dampfzug seinem Namen nicht gerecht wird – „gerast" wird auf der Schmalspurbahnstrecke nun wirklich nicht.

BESTE AUSSICHTEN

Die beste Aussicht über Rügen hat man kurz nach der Weiterfahrt Richtung Göhren vom Turm des Jagdschlosses Granitz. Auf dem Weg nach oben zur 38 Meter hoch gelegenen Aussichtsplattform soll-

Abseits der großen Verkehrsströme:
Allee am Selliner See

Blick von Vitt hinüber zum Kap Arkona im äußersten Norden der Insel.
Hier stand eine bedeutende Festung der Slawen, die Jaromarsburg.

Rügens berühmte Kreidefelsen: Stubbenkammer nennt sich die Umgebung des markanten,
118 Meter hohen Königsstuhls, der zum Nationalpark Jasmund gehört.

Sie sind mittlerweile auch Insel-Wahrzeichen, die beiden Leuchttürme von Kap Arkona.

Special

Seebad Prora

Stein gewordener Größenwahn

Die Nationalsozialisten hatten Großes geplant. Mit dem Seebad Prora sollte ein riesiger Kraft-durch-Freude-Urlaubsort entstehen, in dem 20 000 Menschen gleichzeitig Ferien machen könnten.

Fünf Kilometer war er lang, der Gebäuderiegel, den die Nazis in den Sand von Rügen setzen ließen. Von 1936 bis 1939 bauten bis zu 9000 Arbeiter an acht identischen Häuserblocks, die später einmal den Volksgenossen im Dritten Reich als Urlaubsdomizil dienen sollten. Zu Beginn des Zweiten Weltkriegs stellte man die Arbeiten ein – Feiern und Ferien an der Ostsee war für die Menschen lange Zeit kein Thema mehr.

Heute erscheint Prora wie ein Stein gewordenes Symbol für den nationalsozialistischen Größenwahn. Damals aber fand der Megabau durchaus auch international Beachtung: Bei der Weltausstellung in Paris wurde der Gesamtentwurf 1937 mit einem

Zeltlager vor Kolossalarchitektur

Grand Prix ausgezeichnet. Nach dem Krieg sprengte die Rote Armee einen der Häuserblocks, zwei andere wurden für Sprengübungen genutzt und als Ruinen hinterlassen.

Der „Koloss von Rügen" steht heute unter Denkmalschutz. Inzwischen wurden große Teile der Anlage zu Ferien- und Eigentumswohnungen umgebaut. Ein Dokumentationszentrum beleuchtet die Geschichte des Riesenbauwerks.

ten Schwindelfreie ab und zu ihren Blick nach unten wenden, hinunter zu der freitragenden gusseisernen Wendeltreppe, die sich wie eine Schlange die Wand entlang zum Turm hinaufwindet.

KREIDE AM KAP ARKONA

Die Kreidefelsen sind das Symbol von Rügen. Weltbekannt wurden sie durch das romantische Gemälde von Caspar David Friedrich. Dabei würde es die schroffen Zacken um ein Haar gar nicht mehr geben. In früheren Zeiten sah man die Kreidefelsen viel nüchterner als heute – es gab Pläne, sie zur Gipsherstellung abzubauen. Doch Schönheit allein macht keine Schlagzeilen. In überregionale Meldungen schafften es die Kreidefelsen nur nach großen Unwettern, wenn wieder Stücke der Küste abgebrochen waren. Oder wenn – wie im Winter 2011 – gar ein kleines Mädchen vom Kalkschlamm verschüttet wurde und ums Leben kam.

Der Leuchtturm am Kap Arkona, ein weiteres Wahrzeichen der Insel, hat einen berühmten Urheber. Er wurde 1827 nach Plänen von Karl Friedrich Schinkel erbaut. Wenn man besonders glückliche Paare aus dem Turm herauskommen sieht, kann das zwei Gründe haben: Entweder haben sie zusammen gerade den weiten Blick von der Aus-

Weit reicht der Blick vom höchsten Punkt Hiddensees am Dornbusch –
hier nach Süden und hinweg über die Häuser von Kloster.

Die Blaue Scheune in Vitte war Jahrzehnte ein
Künstlerdomizil (ganz links), ebenso wie das
Gerhart-Hauptmann-Haus in Kloster (links).

Hiddensee von seiner verführerischen
Seite: Räucherfisch in Neuendorf

Weist seit 1888 den Schiffen den Weg um die unberechenbaren
Boddengewässer Rügens: Hiddensee-Leuchtturm Dornbusch

»DER ERSTE EINDRUCK, DEN MAN [...] EMPFING, WAR DER VON WELTABGESCHIEDENHEIT UND VERLASSENHEIT. DAS GAB IHM DEN GRANDIOSEN [...] ERNST UNBERÜHRTER NATUR ...«

Gerhart Hauptmann über Hiddensee, 1885

sichtsplattform genossen oder sie haben geheiratet. Das ist im alten „Schinkelturm" am Kap Arkona nämlich auch möglich.

AUTOFREIE INSEL HIDDENSEE

Eines gibt es auf Hiddensee im Überfluss: Ruhe. Vor allem spätnachmittags, wenn die letzten Fähren nach Schaprode gegenüber auf Rügen oder Stralsund abgelegt haben. Dann sind die Tagesgäste verschwunden, und Einheimische und Langzeiturlauber haben die Insel wieder für sich.

Hiddensee ist autofrei. Auf der 19 Kilometer langen und nur wenige 100 Meter breiten Insel ist man zu Fuß, mit dem Drahtesel oder dem Pferdegespann unterwegs. Gepäck wird mit dem Handwagen befördert. Das beste Fortbewegungsmittel für die flache Insel ist aber das Rad, und so hat jeder Ort gleich ein paar Fahrradverleihstationen. Nur, wenn man zum 72 Meter hohen Bakenberg, dem höchsten Punkt der Insel, hinaufradelt, kommt man ordentlich ins Schwitzen. Den Leuchtturm Dornbusch, der auf seiner Spitze steht, kennt man aus dem Fernsehen, wo er meist an Sturmtagen einem mit einem puscheligen Mikrofon bewaffneten Wettermann als malerische Kulisse dient. Die Mühen der „Bergfahrt" lohnen aber auf jeden

Fall. An einem klaren Tag sieht man bis hinüber nach Stralsund und sogar zur dänischen Insel Møn.

Vielen Besuchern wird es so gehen wie Gerhart Hauptmann. Als er 1885 erstmals nach Hiddensee kam, gefiel es ihm so gut, dass er immer wieder kommen wollte. Grund genug ein Haus zu kaufen, das heute zu den Attraktionen des Eilands gehört. Immer wiederkommen können und sollen auch heutige Touristen. Häuser und Grundstücke stehen aber nicht mehr zum Verkauf – die werden, wenn überhaupt, nur an Einheimische vergeben.

DER KÖNIG VON HIDDENSEE

In seinen Werken stand Gerhart Hauptmann immer auf der Seite des kleinen Mannes, auf Hiddensee war er allerdings gar nicht volksnah. Die Meisten bekamen ihn während seiner allsommerlichen Inselbesuche nicht zu Gesicht. Wegen seiner Unnahbarkeit nannten sie den Literaturnobelpreisträger von 1912 den „König von Hiddensee".

Hauptmann war nicht der einzige Künstler, den es auf die Insel zog. Offenbar hat das kleine Eiland etwas Inspirierendes an sich, denn auch Ernst Barlach, Carl Zuckmayer, Käthe Kollwitz, Gustav Gründgens und sogar Billy Wilder waren für längere Zeit Gast. Regel-

Sommer auf Usedom: Die Tauchgondel von Zinnowitz (oben links) verspricht spannende Unterwassererlebnisse. Geschützt flaniert man auf der Seebrücke von Horingedorf (oben rechts). Bewachte Strände (unten) versprechen sicheres Baden. Für den Sonnenschutz muss man aber selber sorgen.

Ein Hauch alter Fischerzeiten am Strand von Ahlbeck. Das Seebad liegt unweit der Grenze zu Polen, die durch Usedom verläuft.

Deutschlands längste Seebrücke steht auf Usedom: 508 Meter misst die 1995 erbaute Seebrücke von Heringsdorf, die als überdachte Flaniermeile und Schiffsanleger dient. Der pyramidenartige Bau am Ende der Brücke beherbergt ein Restaurant.

mäßig kam auch die Gründerin der Dresdner Tanzschule Gret Palucca. Die 1993 verstorbene Künstlerin liegt auf dem Inselfriedhof begraben. Ihr zu Ehren veranstalten ihre Schüler seither jeden Sommer eine Tanzwoche auf Hiddensee.

USEDOM: DIE BADEWANNE BERLINS

Seit Mitte des 19. Jahrhunderts wird auf Usedom gebadet. Damals entdeckten reiche Bürger und vor allem auch der Adel die Ostseeinsel für sich. Sogar Deutschlands letzter Kaiser verbrachte seine Sommerfrische regelmäßig hier. Usedom erhielt den Beinamen Riviera Pommerns, Heringsdorf avancierte zum Nizza des Nordens.

Während in den Anfangsjahren die wenigen Besucher in – oft eigenen – Luxusvillen wohnten und stilecht mit dem Schiff oder der Kutsche anreisten, kamen später die Gäste mit dem Zug. Nach der Eröffnung der Bahnstrecke Berlin–Swinemünde 1876 mischten sich erste Touristen aus dem langsam wachsenden Mittelstand unter die Badegäste. Und als die Preußische Eisenbahn später sogar Feriensonderzüge einsetzte, hielt der „Massentourismus" Einzug – das war 1891, und der Weg bis zum Spitznamen „Badewanne Berlins" war nicht mehr weit. Die Hauptstädter der 1920er-Jahre, aber nicht nur die, wussten zu schätzen, dass man hier nicht verstohlen und hin-

Fischer- und Angelboote liegen in den kleinen Häfen des Usedomer Achterwassers: Krummin beispielsweise (oben links) und Kamminke (rechts oben und unten). Geduckt und mit Reet gedeckt sind die Bauern- und Fischerhäuser – hier in Kamminke (unten links).

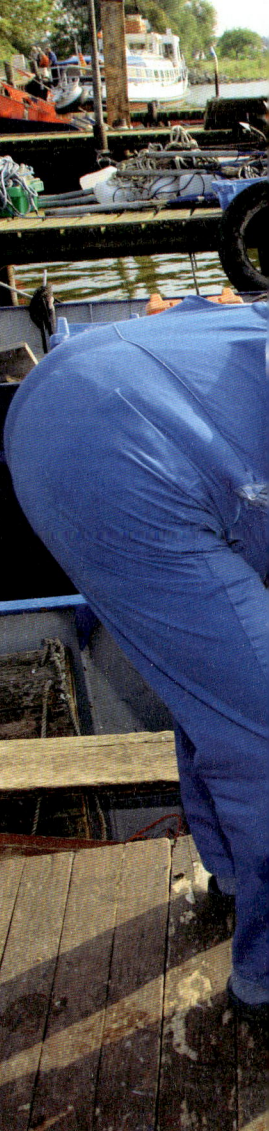

ter Badekarren verborgen ins Wasser gleiten musste, sondern sich ungezwungen ins kalte Nass stürzen konnte, ein absolutes Novum in jenen Tagen. Dazu kommt noch das Wetter auf der Insel. Zusammen mit Rügen rühmt sich Usedom der meisten Sonnenstunden in Deutschland. Statistik hin oder her, gefühlt stimmt das allemal.

DIE GUTE ALTE ZEIT

Nachdem bald nach der Wende die alten Villen auf Vordermann gebracht wurden, stimmt auch das Ambiente wieder. Zwar sind hier lange schon nicht mehr nur die Schönen und Reichen unter sich, doch zumindest in den Kaiserbädern Ahlbeck, Heringsdorf und Bansin verströmen die repräsentativen Häuser im Stil der Bäderarchitektur noch etwas vom Flair der „guten alten Zeit".

GEMEINSAM MIT RÜGEN RÜHMT SICH USEDOM DER MEISTEN SONNENSTUNDEN IN DEUTSCHLAND.

Dazu gehört heutzutage wie auch damals einiger Trubel – vielleicht nicht jedermanns Sache. Doch auch in den großen Touristenorten kehrt außerhalb der Sommersaison Ruhe und Beschaulichkeit ein. Dann hat man auch hier das Gefühl, das Leben würde einen Gang zurückschalten. Und mancher Kellner, der im Sommer gehetzt und grußlos den Kaffee auf den Tisch stellte, hat plötzlich Zeit für einen Plausch.

Naturschutz in Mecklenburg-Vorpommern

TRUMPFKARTE NATUR

Jahr für Jahr rasten immer mehr Kraniche auf ihrem Zug in den Süden an den Küsten vor Rügen und dem Darß. Sie sind aber nur ein Beispiel dafür, dass sich zunehmend mehr wilde Tiere in Mecklenburg-Vorpommern heimisch fühlen.

Wenn der Volksmund Recht hat, dann hat man im Herbst in Mecklenburg-Vorpommern nichts Böses zu befürchten. Dann nämlich rasten mehr als 70000 Kraniche in der Region um Rügen, Zingst, Fischland und Darß. Und die Vögel gelten als Boten des Glücks. Mitte September kommen die ersten Tiere aus Nordeuropa, und die letzten fliegen Mitte November weiter in die Winterquartiere in Spanien und Nordafrika. Futter finden sie auf den abgeernteten Feldern genügend. Oft aber machen sie sich auch über Neuaussaaten her. Das hat früher zu viel Ärger geführt. Den Bauern waren die anmutigen Bewegungen der eleganten Vögel schnell egal, wenn sie dafür mit leer gefressenen Feldern bezahlen mussten. Wegen des „großen Schadens", den Kraniche anrichteten, ließ sie König Friedrich Wilhelm I. von Preußen im 18. Jahrhundert sogar systematisch bejagen. Damit es gar nicht erst zum Streit mit den Landwirten kommt, führt man heute in großem Maße „Ablenkungsfütterungen" durch. Um die Vögel von den frisch bestellten Feldern wegzulocken, streut man großflächig Maiskörner aus.

Günter Nowald vom Kranich-Informationszentrum in Groß Mohrdorf zählt die Region zu den bedeutendsten Kranichrastplätzen Europas. Doch auch die Zahl der Vögel, die in Vorpommern brüten, hat in den letzten Jahren deutlich zugenommen.

SEEADLER UND FISCHOTTER

Mit dieser Erfolgsgeschichte stehen die Kraniche nicht alleine da. Auch Störche fühlen sich zunehmend wohl in Deutschlands Norden. Und Seeadler kann man öfter dabei beobachten, wie sie über den Boddengewässern ihre Runden drehen. Den seltenen und scheuen Schreiadler bekommt man zwar kaum zu Gesicht, doch auch er hat hier sein Rückzugsgebiet gefunden.

Häufig sieht man dagegen Biber. In Vorpommern nahezu ausgestorben, besiedeln sie inzwischen wieder die meisten Flussläufe. Das gilt auch für Fischotter. Deutschlandweit immer noch bedroht, ist er in Vorpommern weit verbreitet, an Boddengewässern ebenso wie entlang der Flussläufe. Da die Tiere sehr hohe Anforderungen an ihre Umwelt stellen, gelten sie als verlässliche Indikatoren für eine intakte Wassernatur.

SCHUTZGEBIETE FÜR DIE NATUR

Die Natur ist der größte Schatz Mecklenburg-Vorpommerns. Diesen gilt es zu bewahren. Dazu haben die Nachwende-Regierungen das bereits von der letzten DDR-Regierung eingeleitete Schutzprogramm konsequent weitergeführt. Heute zählt man in Mecklenburg-Vorpommern drei Nati-

Mönchgut im Südosten Rügens: Führung mit dem Ranger durch die Zickerschen Berge (oben). Zugvögel über dem Barther Bodden (S. 92)

Hinterm Weststrand liegt der Darßer Urwald. Beide gehören zum Nationalpark Vorpommersche Boddenlandschaft.

ABSCHUSSPRÄMIEN SIND VERGANGENHEIT. HEUTE ÜBERWIEGT DER STOLZ ÜBER ERFOLGREICHE WIEDERANSIEDLUNG SELTENER WILDTIERE.

Die Wichtigkeit von Totholz im System Natur (rechts) oder wie die Kreide entsteht (ganz rechts) – das Nationalparkzentrum Jasmund versucht, alle Fragen zu beantworten.

onalparks, drei Biosphärenreservate, sieben Naturparks, knapp 300 Naturschutzgebiete und über 140 Landschaftsschutzgebiete – insgesamt sind mehr als sechs Prozent der Landesfläche besonders geschützt.

Der Müritz-Nationalpark schützt die Tier- und Pflanzenwelt rund um Deutschlands zweitgrößten See. Der Nationalpark Jasmund auf Rügen ist vor allem durch seine Kreidefelsen bekannt – allen voran der Königsstuhl, das Wahrzeichen der Insel. Seit 2011 gehört ein Teil des Buchenwalds des Parks zum UNESCO-Weltnaturerbe. International herausragend ist auch der Nationalpark Vorpommersche Boddenlandschaft, mit dem weltweit einmalige Kaltwasserlagunen geschützt werden – und damit auch die Kinderstube der wichtigsten Ostseefische.

ANGEBOT AUCH FÜR TOURISTEN

Positiver Nebeneffekt: Die intakte Natur lockt nicht nur Vögel, sondern auch Touristen an. Wandern, Rad fahren und Tiere beobachten kann man fast das ganze Jahr über. Weil die Herbstwanderung der Kraniche praktischerweise dann beginnt, wenn die Sommersaison zu Ende geht, bedeutet der Zug der Glücksvögel und das damit verbundene „Auftauchen" Tausender Vogelfreunde für die Region eine willkommene Saisonverlängerung. Und daran wird sich wohl auch in Zukunft nichts ändern, denn in den letzten 30 Jahren hat sich die Zahl der an der vorpommerschen Ostseeküste rastenden Tiere verdoppelt.

Nationalpark-Informationen

. . . .

Nationalpark Vorpommersche Boddenlandschaft
Nationalparkamt
Im Forst 5, 18375 Born
Tel. 038234 50 20
www.nationalpark-vorpommersche-boddenlandschaft.de

Nationalpark Jasmund
Nationalparkamt Jasmund
Stubbenkammer 2a, 18546 Sassnitz
Tel. 038392 3 50 11
www.nationalpark-jasmund.de

Müritz-Nationalpark
Nationalparkamt Müritz
Schlossplatz 3, 17237 Hohenzieritz
Tel. 039824 25 20
www.mueritz-nationalpark.de

SEETELHOTELS

USEDOM

... auf vielfältigste Weise.

Urlaub genauso, wie Sie es möchten. Es ist die gelungene Mischung aus bewahrter Tradition und Moderne, welche die SEETELHOTELS auszeichnet. Die ganze Pracht und Schönheit der historischen Kaiserbäder, eine gastronomische Vielfalt der Extraklasse und exklusive Wellness-Oasen mit internationalem Zauber warten auf Sie.
Vom Flaggschiff Fünfsterne-SEETELHOTEL Ahlbecker Hof direkt an der historischen Strandpromenade im Kaiserbad Ahlbeck – bis hin zum All-in Kinderresort Usedom, inmitten von 70.000 qm Kiefernwald nur wenige Fahrradminuten zum wunderschönen Strand in Trassenheide – ist ganz sicher das richtige für Sie dabei.

www.seetel.de   www.kinderresort-usedom.de

Follow us

Das Leben liebt Sie!

Dünenstraße 41 · 17419 Seebad Ahlbeck
Telefon +49 (0)38 378 - 47 020 · reservierung@seetel.de

SEIT JEHER SOMMERFRISCHEN

Urlaub an Ostdeutschlands Ostseeküste, das bedeutet für die Meisten: die Inseln, also Rügen und Usedom, aber auch Hiddensee. Mit den beiden Nationalparks Vorpommersche Boddenlandschaft und Jasmund liegen zwei von insgesamt 16 deutschen Nationalparks hier.

❶ Hiddensee

Die autofreie Insel ist das ideale Reiseziel für Ruhe suchende Gäste. Die größten Orte sind Neuendorf im Süden, Vitte in der Mitte und Kloster im Norden. Im Volksmund wird Hiddensee wegen seiner Schönheit als „das söte Län-

Tipp

Versteinerte Sommer

Bernstein ist eines der beliebtesten Mitbringsel aus einem Ostseeurlaub. Doch was ist Bernstein? Trotz des Namens kein Stein. Vielmehr ist er vor vielen Millionen Jahren aus dem Harz von Bäumen entstanden. Die Harzstücke versanken irgendwann im Wasser, wurden dort von Sand und Schlamm zugeschüttet und entwickelten sich innerhalb von Millionen von Jahren unter Luftabschluss und Druck zu dem Bernstein, den wir kennen. Bernstein ist unvorstellbar alt – die ältesten Exemplare sind vor über 300 Millionen Jahre entstanden. Die, die man an der Ostsee findet, sind aber bedeutend jünger – nämlich „nur" etwa 55 Millionen Jahre alt. Besonders wertvoll ist Bernstein, wenn Insekten oder Teile von Pflanzen in ihm eingeschlossen sind. Der Fachmann spricht dann von Inklusen.

neken" bezeichnet, dem „das süße Ländchen" mehr als gerecht wird.

SEHENSWERT

In **Kloster** liegt die meistbesuchte Sehenswürdigkeit der Insel: Haus Seedorn, ehemaliges Sommerdomizil von Gerhart Hauptmann, ist heute **Hauptmann-Museum**. Der Literaturpavillon, der zugleich auch den Eingang ins Hauptmann-Museum bildet, widmet sich der Literaturlandschaft Hiddensee (www.hauptmannhaus.de; Mai–Okt. Mo.–Sa. 10.00–17.00, So. 13.00–17.00 Uhr, sonst kürzer). Im kleinen **Heimatmuseum** (April–Okt. tgl. 10.00–16.00, sonst Do.–Sa. 11.00 bis 15.00 Uhr) ist vor allem die Kopie des Hiddenseer Goldschmucks sehenswert; die bemerkenswerte Wikingerarbeit aus dem 10. Jh. wurde im 19. Jh. bei einer Sturmflut in Neuendorf an Land gespült (das Original befindet sich im Stralsund Museum in Stralsund, S. 97).
Nördl. von Kloster liegt der **Dornbusch**, eine reizvolle Hügellandschaft mit dem Bakenberg (72 m) als höchster Erhebung. Der Leuchtturm auf dessen Spitze wurde 1888 erbaut.
In **Vitte** ist die **Blaue Scheune** ein beliebtes Fotomotiv, eine alte Rauchkate, in der der Dresdner Maler Günter Fink (1913–2000) bis zu seinem Tod wohnte. Das **Karusel** ist eine von Max Taut vor 1925 entworfene Villa mit eigenwilliger Form, in der der dänische Stummfilmstar Asta Nielsen regelmäßig die Sommer verbrachte.
Neuendorf kann zwar keine großen Sehenswürdigkeiten aufweisen, bezaubert aber durch sein von Reetdachhäusern geprägtes Ortsbild.

INFORMATION
Insel-Information
Achtern Diek 18, 18565 Vitte
Tel. 038300 60 86 85
www.seebad-hiddensee.de

❷ Sassnitz

Der mit 9200 Einw. nach Bergen zweitgrößte Ort Rügens war in der zweiten Hälfte des 19. Jh. ein bekanntes Seebad. Später siedelten sich hier ein Kreidewerk und eine Fisch verarbeitende Industrie an – die Sommergäste wan-

Leuchtturm auf dem Dornbusch, Hiddensee

derten in die Bäder an der Ostküste der Insel ab. Die Betriebe sind längst wieder geschlossen, und man versucht, an die alte Tourismustradition anzuknüpfen.

SEHENSWERT
In der **Altstadt** TOPZIEL sind vor allem die Villen im Stil der gründerzeitlichen Bäderarchitektur beachtenswert.

MUSEUM
Das **Fischerei- und Hafenmuseum** (Stadthafen, www.hafenmuseum.de; Nov.–März tgl. 11.00–17.00, April–Okt. tgl. 10.00–18.00 Uhr) ist ein Anziehungspunkt für alle, die sich für maritime Geschichte(n) interessieren. Im Stadthafen liegt das U-Boot „H. M. S. Otus" vor Anker. Das **Museumsschiff** kann tgl. (Nov. bis März 10.00–16.00, Mai–Okt. 10.00–18.00, in den Sommerferien bis 19.00 Uhr) besichtigt werden.

UMGEBUNG
Der etwa 30 km² Nationalpark Jasmund (www.nationalpark-jasmund.de, siehe „Zur Sache", S. 94) mit Rügens Wahrzeichen, den **Kreidefelsen** TOPZIEL Königsstuhl und Wissower Klinken, liegt wenige Kilometer nördl. der Stadt.

Der 35 m hohe „neue" Leuchtturm am **Kap Arkona** nahm 1902 seinen Betrieb auf und ersetzte den älteren Turm (19 m, 1828), der einst nach Plänen des berühmten Berliner Architekten Karl Friedrich Schinkel erbaut wurde. Beide Türme sind zugänglich.

HOTEL

Im € € € **Precise Resort** direkt am National-park Jasmund wohnt man luxuriös im Guts-herrenhaus, im angrenzenden Hotel oder in einem Ferienapartment (Am Taubenberg 1, 18551 Sagard, Tel. 03830295, www.precise hotelruegen.de).

VERANSTALTUNGEN

An den legendären Piraten der Hansezeit er-innern die **Störtebeker-Festspiele** in Rals-wieck (Ende Juni–Anf. Sept.; 15 km südw.).

INFORMATION

Tourist-Service
Strandpromenade 12, 18546 Sassnitz
Tel. 038392 64 90
www.insassnitz.de

 ## Binz

Das größte und bekannteste Ostseebad (5400 Einw.) der Insel Rügen ließ mit dem aufkom-menden Bädertourismus der Gründerzeit seine bäuerliche und Fischervergangenheit hinter sich. Die Wiedervereinigung brachte einen er-neuten Entwicklungsschub. Der schmalspurige „Rasende Roland" verbindet Binz mit Putbus. Diese Bahn tuckert schon seit 1895 mit gemüt-lichen 30 km/h über die Insel.

SEHENSWERT

Seebrücke, Kurhaus, Bädervillen TOPZIEL und der lange **Sandstrand** sind die Trumpfkar-ten des Badeorts. Die Auswahl an Restaurants, Kneipen und Läden ist groß, auch Gästen, die länger in der Stadt bleiben, wird es sicher nicht langweilig.

UMGEBUNG

Wenige Kilometer nördl. liegt **Prora**, die Rui-nen eines monumentalen Seebads; der 4,5 km lange „Hotelkomplex" wurde zwischen 1936 und 1939 errichtet (siehe „Special", S. 85). Reizvoll liegt **Sellin** an der Steilküste. 1998 er-öffnete man dort die mit 394 m längste See-brücke Rügens; mit der Tauchgondel am Ende der Brücke kann man einen Ausflug unter die Meeresoberfläche unternehmen.
Göhren ist das dritte große Seebad an der Ostküste Rügens. Die umgebende Landschaft ist bildschön: Die Halbinsel **Mönchgut** liegt im Biosphärenreservat Südost-Rügen. Göhren ist auch Endstation des „Rasenden Roland", einer Schmalspurbahn mit Start in Bergen (www. ruegensche-baederbahn.de).

VERANSTALTUNGEN

Sandfigurenfestival (April–Okt.). Das **Blue Wave Festival** ist der deutschen Blues-Szene gewidmet (Aug.).

Rettungsturm Binz (oben); Zinnowitz zelebriert die Vineta-Festspiele (oben rechts); Kunstwerk aus Sand in Binz (rechts).

INFORMATION

Kurverwaltung
Heinrich-Heine-Str. 7, 18609 Ostseebad Binz
Tel. 038393 14 81 48
www.ostseebad-binz.de

④ Putbus

Mit Europas letztem planmäßig realisiertem **Residenzstädtchen** TOPZIEL hat sich Fürst Wilhelm Malte zu Putbus (1783–1854) ab 1808 ein Denkmal geschaffen. Die Bauten sollten den Italienbewunderer an sein Lieblingsland erinnern.

SEHENSWERT

Zentraler Punkt ist der **Circus.** Der runde Platz ist von 16 klassizistischen Häusern umgeben. Im **Schlosspark** liegen die Orangerie und der Marstall. In einem großen Freigehege kann man eine Hirschherde beobachten. In dem kleinen, 1821 erbauten Theater finden jedes Jahr annähernd 200 Aufführungen statt.

VERANSTALTUNG

Beim **Vilmschwimmen** (Aug., www.vilm schwimmen.de) absolvieren alljährlich meh-rere Hundert Schwimmer die 2500 m lange Strecke von der Insel Vilm nach Lauterbach.

INFORMATION

Kurverwaltung, Alleestr. 2, 18581 Putbus
Tel. 038301 66 39 95, www.ruegen-putbus.de

⑤ Zinnowitz

Erstmals erwähnt wurde Zinnowitz 1309 – unter seinem slawischen Namen Tzys, den man in etwa mit „Schilfrohr" übersetzen könnte. Im Dreißigjährigen Krieg wurde der Ort auf Usedom mehrmals verwüstet und geplün-dert. Aufwärts ging es erst wieder von 1851 an, als Zinnowitz die Erlaubnis erhielt, ein Seebad zu eröffnen.

SEHENSWERT

Direkt von der Seebrücke in Zinnowitz kann man mit der **Tauchgondel** (An der Seebrücke, www.tauchgondel.de; Juni–Aug. 10.00–21.00, April, Mai, Sept. und Okt. 10.00–19.00, sonst 11.00–16.00 Uhr) 4 m in die Ostsee hinabtau-chen; bei klarer Sicht sieht man bis zu 6 m um

die Gondel Quallen und Fische. Ein halbstündi-ger 3-D-Film zeigt die Unterwasserwelt, und der Guide erzählt unterhaltsam über die Tiere der Ostsee.

MUSEUM

Im **Heimatmuseum** (Bahnhof Zinnowitz; Mo. bis Fr. 10.00–17.00, Sa. und So. 14.00–17.00 Uhr) erfährt man alles über Zinnowitz und seine Rolle als Bäderort; seit 2017 gehört auch ein Eisenbahnmuseum dazu.

HOTEL UND RESTAURANT

50 m vom Strand entfernt wirkt das € € **Hotel und Restaurant Dünenschloss** mit seiner leuchtend gelben Fassade und Türmchen tat-sächlich wie ein Schlösschen. Günstige Ange-bote in der Nebensaison (Neue Strandstr. 27, 17454 Zinnowitz, Tel. 0383777 90, www.hotel -duenenschloss.de).
€ € **Zum Smutje** ist ein kleines Fischrestau-rant, in dem regionaler Fisch verarbeitet wird (Vinetastraße 5a, Tel. 038377 4 15 48, www. zum-smutje.de).

VERANSTALTUNGEN

Sagenhaftes bringen die **Vineta-Festspiele** auf die Bühne (www.vineta-festspiele.de; Ende Juni–Ende Aug.). Maritim-kulinarisches Volks-vergnügen: das **Seebrückenfest** (Sept.).

UMGEBUNG

Aus der einstigen Heeresversuchsanstalt an der Nordspitze Usedoms, die bis 1944 die ers-ten Raketen wie die „V 2" entwickelte, entstand das **Historisch-Technische Museum Peene-münde** (www.museum-peenemuende.de; April–Sept. tgl. 10.00–18.00, Okt.–16.00, sonst Di.–So. 10.00–16.00 Uhr).

INFORMATION

Kurverwaltung Ostseebad Zinnowitz
Neue Strandstr. 30, 17454 Zinnowitz
Tel. 038377 49 20, www.zinnowitz.de

6 Heringsdorf

Einst trafen sich in dem Badeort – bereits 1825 wurde hier die erste Badesaison eröffnet – der letzte deutsche Kaiser und der wilhelminische Adel. Heute wirbt Heringsdorf mit seinem großen Freizeitangebot, seinem herrlich langen Strand und unzähligen Übernachtungsmöglichkeiten um Gäste jeglicher Couleur.

SEHENSWERT

Mit über 500 m ist die Heringsdorfer **Seebrücke** die längste in Europa – allerdings wird nicht nur der Brückenteil über dem Wasser mit hinzugezählt, sondern auch die sich an Land anschließende Ladengalerie.
Bis heute zeugt die Bäderarchitektur von der ruhmreichen Vergangenheit Heringsdorfs. Zu den eindrucksvollen **Badevillen** TOPZIEL gehören die von einem Bankier 1883 errichtete Villa Oechsler (Delbrückstr. 5), die 1873 erbaute Villa Staudt (Delbrückstr. 6), in der Kaiser Wilhelm II. des Öfteren zu Besuch war, und die Villa Oppenheim (Delbrückstr. 10) – hier verbrachte der amerikanische Maler Lyonel Feininger zwischen 1909 und 1912 die Sommermonate.
In der **Villa Irmgard** war im Sommer 1922 der russische Schriftsteller Maxim Gorki zur Kur; das damalige Wohn- und Arbeitszimmer kann besichtigt werden (Maxim-Gorki-Str. 13; Juni bis Sept. 12.00–18.00, sonst 12.00–16.00 Uhr, jeweils Mo. und Mi. geschl.).

HOTEL UND RESTAURANT

Im € € € **Strandhotel Ostseeblick** (Kulmstr. 28, Tel. 038378 540, www.strandhotel-ostseeblick.de) ist der Name Programm: Es liegt hoch über dem Meer und hat eine wundervolle Freiterrasse. Der großzügige Wellnessbereich bietet Sauna und Schwimmbad, das Restaurant hervorragende Küche.
€ € € **Wehrmanns Alt Heringsdorf** (Kulmstr. 7a, Tel. 038378 542 01) ist ein gemütliches Restaurant mit ausgezeichneter Küche und Service.

VERANSTALTUNGEN

Das **Kleinkunstfestival** (Juni) bietet Straßentheater und einen historischem Festumzug. **Kunsthandwerkermarkt** und **Heringsdorfer Kaisertage** mit dem Flair der 1920er-Jahre (Juli). Unzählige Veranstaltung mit meist klassischer Musik umfasst das **Usedomer Musikfestival** (Sept./Okt.)

UMGEBUNG

Die beiden Nachbarorte **Bansin** und **Ahlbeck** bilden zusammen mit Heringsdorf die „Drei Kaiserbäder" TOPZIEL. Auch in diesen beiden Orten findet man zahlreiche eindrucksvolle Villen im Stil der Bäderarchitektur.

INFORMATION

Kurverwaltung Heringsdorf
Delbrückstraße 69
17424 Seebad Heringsdorf
Tel. 038378 24 50
www.kaiserbaeder-auf-usedom.de

LEICHTER RADELN

Usedom ist eine perfekte Radfahrerinsel. Sie ist weitgehend flach, bietet eine wunderschöne Natur, und das Radwegnetz ist gut ausgebaut. Fahrradwege von mehr als 180 Kilometern Gesamtlänge überziehen die Insel. Das Bundesministerium für Verkehr, Bau und Stadtentwicklung fördert auf Usedom „Innovative öffentliche Fahrradverleihsysteme", um „einen klimafreundlichen und energieeffizienten Nahverkehr zu unterstützen", heißt es auf der Homepage von UsedomRad. Den Satz hat sich sicher ein Beamter ausgedacht, das Ergebnis aber kann sich sehen lassen.

Das ausgeklügelte Konzept bindet etwa 50 lokale Radanbieter ein. An allen für den Tourismus relevanten Orten der Insel und auf dem angrenzenden Festland wurden Fahrradverleihstationen eingerichtet, teils mit, teils ohne Personal. Bei Letzteren bekommt man per Handy den Zahlencode zum Öffnen des Fahrradschlosses mitgeteilt. Sogar Pedelecs kann man mieten. Für Touristen besonders interessant: Die knallgelben Fahrräder muss man nicht an den Ausgangsort zurückbringen, sondern kann sie an jeder beliebigen Verleihstation abgeben. Eine Kombination von Fahrradtour und Busausflug ist also problemlos möglich.

Usedom hat konsequent ein vorbildliches Radfahrkonzept umgesetzt. Die flache Insel eignet sich ideal fürs Radeln. Ganz bequem wird es im Sattel eines Elektrorads.

Eine Mobilitätsgarantie verspricht der Vermieter auch. Das heißt, wer den Schaden hat, braucht für die Reparatur nicht zu sorgen. Ein kurzer Anruf, und wenig später geht es mit einem intakten Ersatzfahrrad weiter.

UsedomRad GmbH
24-Std.-Hotline:
Tel. 030 55 57 69 11
www.usedomrad.de

Verleihgebühren
9 €/Tag pro Fahrrad, 20 €/Tag pro Pedelec
Bei längerer Mietdauer reduzieren sich die Tagesmietpreise.

Vorpommerns Osten

*

EIN LAND IM WINDSCHATTEN

*

Die Wirtschaftskrise ist spürbar im Osten Vorpommerns. Vor allem abseits der Strände verraten Leerstand, verwilderte Gärten und verlassene Hauptstraßen, dass die Region schwere Zeiten durchmacht. Und doch findet man auch Zeichen der Hoffnung: kleine Tourismusanbieter, Künstler und junge Familien, die Vorpommern zu ihrer neuen Heimat machen.

Ueckermündes gemütliche Hafenkante
hat seit jeher Gäste angezogen.

Seit vielen Jahrhunderten prunkt dieser gotische
Giebel am Greifswalder Marktplatz.

Greifswald gilt als lebendige Universitätsstadt. Ein passendes Outfit ist zwingend
bei der Metal-Night im Studentenclub „Kiste".

Schmuckstück am Wolgaster Marktplatz ist das Rathaus, das 1724 seinen barocken Giebel erhielt.
Die schöne Stadt ist auf dem Weg nach Usedom unbedingt einen Zwischenstopp wert.

Seit 650 Jahren werden in Greifswald Schiffe gebaut – zuerst Hansekoggen, heute ebenso erfolgreich Segeljachten. Das Flüsschen Ryck hat daher schon manches Schiff gesehen.

VON STRALSUND KOMMEND, ZEIGT SICH DIE STADT-SILHOUETTE GREIFSWALDS SEIT JEHER AM SCHÖNSTEN.

Im Greifswalder Restaurant Fritz geht die Stimmung ihrem Höhepunkt entgegen. Die jungen Gäste reden sich die Köpfe heiß und kühlen die Diskussion mit Lübzer Pils. Greifswald ist Universitätsstadt, und so finden sich hier Studenten aus ganz Deutschland. Von den 59 200 Einwohnern sind ein knappes Viertel an der Universität eingeschrieben. Damit bietet Greifswald Besuchern ein für Vorpommern seltenes Bild: In den Straßen sieht man in der Mehrzahl junge Menschen.

Greifswald ist eine optimistische Stadt, und wo junge Leute leben, wird viel gefeiert, zu Hause und in Kneipen. Aber auch im Rahmen großer öffentlicher Veranstaltungen. Bei den Eldenaer Jazz-Abenden beispielsweise oder beim Nordischen Klang, einem Festival, das sich mit der Musik, dem Theater und der Kunst Nordeuropas beschäftigt. Dass dieses gerade in Greifswald stattfindet, hat auch mit der Universität zu tun. In ihr ist nämlich das wichtigste Nordische Institut Deutschlands angesiedelt. Als Hansestadt hatte man schon im Mittelalter gute Verbindungen in den Norden.

Bereits 1456 war Greifswald ein Zentrum der Lehre und die Universität der Stadt eine der wichtigsten im Ostseeraum. Anfang des 16. Jahrhunderts studierte der Reichsritter, Dichter und

Humanist Ulrich von Hutten hier. Auch die beiden Nobelpreisträger Johannes Stark (Nobelpreis für Physik 1919) und Gerhard Domagk (Nobelpreis für Medizin 1939) machten in Greifswald ihren Abschluss. Sogar der frühere Reichskanzler Otto von Bismarck hat einen Teil seines Studiums in Greifswald absolviert. Der nicht ganz unumstrittene Schriftsteller, Politiker und Historiker Ernst Moritz Arndt studierte Ende des 18. Jahrhunderts an der Greifswalder Universität. Nach ihm ist seine ehemalige Alma Mater heute benannt.

KAMPFLOSE ÜBERGABE

Touristen kommen vor allem wegen der gut erhaltenen Altstadt mit den drei Stadtkirchen St. Marien, St. Jacobi und St. Nikolai hierher. Dass sie in der Stadt heute einen weitgehend unversehrten Altstadtkern vorfinden, verdanken sie Rudolf Petershagen. Am Ende des Zweiten Weltkriegs übergab der Wehrmacht-Oberst die Stadt am 30. April 1945 kampflos an die Rote Armee – entgegen dem ausdrücklichen Befehl des Oberkommandos des Heeres, das die Verteidigung der Stadt bis zum letzten Mann befohlen hatte. Wie in Stralsund hatte dann auch die DDR ihren – allerdings ungewollten – Anteil daran, dass die Altstadt in Greifswald heute so gut in

Die Klosterruine Eldena ist von einem weitläufigen Park umgeben
– was sich bei Veranstaltungen als sehr angenehm erweist.

Das Stettiner Haff bei Ueckermünde zeigt das typische Aussehen der vom
offenen Meer getrennten, am Ufer verschilften Brackwasserbereiche.

Das vorpommersche Hinterland ist schon immer ein Reiterrevier gewesen.

Hinter dem Peene-Anleger breitet sich das abendliche Anklam aus, überragt von der zum Wohnhaus umgestalteten Garnisons- und der stumpftürmigen Nikolaikirche.

Schuss ist. Hier wie dort lagen die Pläne für den Abriss der alten Bürgerhäuser schon in der Schublade, es fehlte allein das Geld. Stattdessen setzte man Plattenbauten auf die grüne Wiese, die Altstadt blieb, wie sie war.

ZENTRUM DER SEGLER

Der Vorort Wieck liegt unmittelbar an der Mündung des Flusses Ryck in die Ostsee. Er ist ein wichtiges Zentrum für Segler. Wer Schiffe lieber mit festem Boden unter den Füßen beobachtet, setzt sich in eines der vielen Cafés und Restaurants und sieht den Booten beim Auslaufen zu. Im Juli beim Fischerfest Gaffelrigg kommen über 50 000 Besucher in den kleinen Ort, um der Regatta der Traditionsschiffe zuzuschauen. Nach der

DES EINEN LEID, DES ANDEREN FREUD — DAS HINTERLAND VORPOMMERNS IST TOURISTISCH NOCH UNTERENTWICKELT UND DAHER SEHR RUHIG.

Hanse Sail ist die Gaffelrigg die größte maritime Veranstaltung in Mecklenburg-Vorpommern. Um die größte Sehenswürdigkeit von Wieck anzuschauen, sollte man sich aber einen anderen Tag aussuchen. Die Holländische Klappbrücke von 1887 kann man am Gaffelrigg-Wochenende sicher nicht ohne Menschenmassen fotografieren.

MEHR ODER WENIGER INTERESSE

Wer von Greifswald nach Osten fährt, ist meist nach Usedom unterwegs, eines der gefragtesten Reiseziele Deutschlands. Gäste, die hier ihren Sommerurlaub verbringen wollen, müssen lange im Voraus buchen. Abseits der Küste ist vom Tourismus dagegen weniger zu spüren, und selbst Wolgast und Anklam, die beiden Städte, die sich als westliches bzw. östli-

Nach archäologischen Erkenntnissen werden im Museumsdorf Ukranenland bei Torgelow Block-, Bohlen- und Flechtwandhäuser des 9. und 10. Jahrhunderts sowie Hafenanlagen samt Schiffen rekonstruiert (oben und ganz oben). Prachtvolle Kostüme auch für die Kleinen gehören zum Burgfest Stargard (rechts).

Umzüge in historischen Kostümen, Gaukler und Musikanten und nicht zuletzt spektakuläre Ritterspiele:
Das Burgfest Stargard wartet mit vielfältiger „Kurtzweyl" auf.

Special

Brigitte Reimann

Lebenslust und Lebenslast

. . . .

Ihren 40. Geburtstag hat Brigitte Reimann nicht mehr erlebt. 1973 starb die in der Nähe von Magdeburg geborene Schriftstellerin in Berlin. Ihre letzten sechs Lebensjahre hat sie vom Krebsleiden gezeichnet in Neubrandenburg gelebt. Reimann hat mehrere Erzählungen hinterlassen, wurde aber vor allem wegen ihres unvollendeten Romans „Franziska Linkerhand" bekannt. Sie selbst nannte ihn ihr „erstes und einziges anständiges Buch".

Im Brigitte-Reimann-Literaturhaus

Beeindruckender als ihre Prosawerke sind ihre Tagebücher, in denen sie mit erstaunlicher Ehrlichkeit ihr eigenes Leben analysiert. Als Folge einer Kinderlähmung litt sie unter einem Hüftleiden und hatte ein verkürztes Bein. Dennoch war Reimann eine attraktive Frau, die von einer Beziehung in die nächste wechselte. Sie war dreimal verheiratet und hatte eine Vielzahl von Affären. Lebensfroh und gleichzeitig vom Leben zerrissen,

auf der ständigen Suche nach dem Glück. Sie war eine überzeugte Sozialistin, blieb aber kritisch bis unbequem gegenüber der Staatsdoktrin.

Aus ihrem Wohnhaus in Neubrandenburg sollte Mitte der 1990er-Jahre ein Literaturhaus entstehen. Bei den Sanierungsarbeiten stürzte das Gebäude aber ein. Im 1999 erbauten Brigitte-Reimann-Literaturhaus werden Bilder, Manuskripte und Möbel aus Reimanns Wohnung gezeigt.

ches „Tor zur Insel" verstehen, bekommen vom Usedom-Tourismus allenfalls Tagesgäste ab. Dabei könnte man hier wirklich jeden Euro gebrauchen.

EIN STILLES LAND

Je weiter man Richtung Osten kommt, desto stiller wird das Land. Schon immer gingen die Uhren hier oben anders. Seit jeher hat Landwirtschaft den Landstrich dominiert. Die Jahrhunderte des Junkertums fanden 1945 zwar ein jähes Ende, aber auch zu DDR-Zeiten bestimmten die riesigen Felder der LPGs das Land. Fleißig gearbeitet hat man hier zwar auch, von Großstadthektik aber keine Spur. Und nach der Wende hat sich der Lauf der Uhren dann gezwungenermaßen nochmals verlangsamt. Hier zeigen sich die Probleme, die im Prinzip ganz Mecklenburg-Vorpommern hat, in besonderer Deutlichkeit: Arbeitslosigkeit, Abwanderung der Jungen und Fähigen sowie Wahlerfolge von Parteien der äußersten Rechten.

Wenn sich dann für die von Stralsund mit in die Insolvenz gerissene Peene-Werft in Wolgast beispielsweise die Übernahme durch einen Bremer Schiffbauer abzeichnet, muss man sich freuen – wie auch an anderen kleinen positiven Entwicklungen, oft ein Engagement Einzelner. In Anklam beispielsweise kommt

Mecklenburg-Vorpommern wird über die Jahre zu einem Weinland:
Weinfest auf Burg Stargard.

Stargard hat seinen Ursprung als markgräflich-brandenburgische Burg im 13. Jahrhundert. Sie besteht aus Hauptburg,
Marstall, Torhaus, Bergfried und einigen weiteren jüngeren Gebäuden.

Neubrandenburgs Friedländer Tor ist ein markantes Backstein-Emsemble.

Der gotische Backsteinbau der Marienkirche ist heute Domizil der Neubrandenburger Philharmoniker.

DANK SEINER MITTELALTER-LICHEN WEHRANLAGEN IST NEUBRANDENBURG EIN GLANZLICHT AUF DER EUROPÄISCHEN ROUTE DER BACKSTEINGOTIK.

langsam der Flusstourismus entlang der Peene in Schwung. Beim Team von „Abenteuer Flusslandschaft", von einem Ehepaar aus Thüringen gegründet, kann man Boote ausleihen und geführte Touren buchen. Der Zuspruch ist immerhin so groß, dass man sich dort inzwischen zwei Solarboote zulegte.

AM STETTINER HAFF

Zu einem „Leuchtturm der Wirtschaftskraft" will sich auch Ueckermünde an der Haffküste entwickeln. Die historische Altstadt, die Ausflugsmöglichkeiten nach Usedom und der lange und flache Sandstrand sind die Hauptattraktionen. Auch Investoren haben den Ort entdeckt und in Strandnähe die „Lagunenstadt" erbaut – eine eigene kleine Stadt nur mit Ferienwohnungen. Die Besucherzahlen können natürlich nicht annähernd mit denen von Usedom mithalten. Und spätestens, wenn in den benachbarten Bundesländern Berlin und Brandenburg die Sommerferien zu Ende gehen, kehrt auch in Ueckermünde wieder Ruhe ein.

Von Usedom einmal abgesehen, eignet sich auch Ueckermündes weiteres Umland hervorragend für Ausflüge. Dass sich die Natur hier von ihrer schönsten Seite präsentieren kann, liegt auch an der Nationalen Volksarmee. Das

Land zwischen der Ueckermünder Heide und dem Stettiner Haff war lange fest in der Hand des Militärs, viele Gebiete waren deswegen nicht zugänglich. Und das tut Tieren und Pflanzen immer gut.

KUNST IN DER KRISE

Lohnend ist die Tour nach Altwarp mit seiner Binnendüne, von der man einen herrlichen Blick hinüber ins polnische Neuwarp, nach Nowe Warpno, hat. Ausflüge dorthin kann man leider nur noch mit privaten Fischerbooten machen, die regelmäßige Fährverbindung wurde nach zuerst hoffnungsvollem Beginn wieder eingestellt. Und so wartet der damals mit ziemlichem Aufwand neu gebaute Fährhafen auf eine neue Bestimmung.

Fast am Weg dorthin liegt das kleine Luckow, in dessen Fachwerkkirche sommers Künstler ausstellen. Auf Kreative aus ganz Deutschland scheint Mecklenburg-Vorpommern und besonders auch die Uckermark einen speziellen Reiz auszuüben. Das besondere Licht, die Natur und die Einsamkeit scheinen sie zu inspirieren. Die wirtschaftlichen Probleme können auch sie nicht lösen, dazu beitragen, dass auch in Zeiten der Krise im äußersten Nordosten Deutschlands ein Stück Lebensqualität erhalten bleibt, können sie aber sehr wohl.

Wein aus Mecklenburg-Vorpommern

GUTE REBEN AUS RATTEY

Weinanbau erwarten die wenigsten in Mecklenburg-Vorpommern. Dabei hat er dort Tradition: Vom 13. bis zum 19. Jahrhundert gab es Weinberge. Inzwischen schreiben mutige Winzer die Geschichte fort und haben wieder Reben angepflanzt.

Rebstöcke mit Ostseeblick: Was nach einer verrückten Idee klingt, ist seit 1999 auf Usedom Realität. Vor dem Restaurant Waterblick in Loddin entstand der „nördlichste Weinberg Deutschlands".

Im Stargarder Land, dem „nördlichsten zusammenhängenden Weinanbaugebiet" Deutschlands, spielt der Klimawandel den Winzern in die Karten. Die Sommer werden immer wärmer und dauern länger. Weil im Norden die Sonne ohnehin länger scheint, als in den traditionellen Weinanbaugebieten im Süden, bekommen die Reben hier einen zusätzlichen Powerboost. Die Anbaubedingungen werden also immer besser. Da ist es nur folgerichtig, dass die ersten Weinbauern kurz vor der Jahrtausendwende nach einer 150-jährigen Pause in Mecklenburg wieder Rebstöcke pflanzten. Inzwischen ist die Anbaufläche auf sieben Hektar gewachsen. Mit fünf Hektar ist das „Landwein-Gebiet Stargarder Land" rund um Schloss Rattey das größte Weinanbaugebiet im Land. Dazu gehört auch der Weinberg an der Burg Stargard. Mit 2000 Quadratmetern, ist er winzig, wegen seiner langen Tradition aber von großer Bedeutung. In Deutschland kann nämlich nicht jeder, der Lust hat, Wein herstellen. Wer mehr als 100 Rebstöcke zu kommerziellen Zwecken anbauen will, darf das nur in einem historischen Weinanbaugebiet.

LANGE WEINANBAUTRADITION

Da passte es ausgezeichnet, dass Zisterziensermönche nahe der Burg Stargard ab 1508 ihren eigenen Messwein kelterten. Erst Mitte des 19. Jahrhunderts hatte man die dortige Weinproduktion eingestellt. So war es auch kein Problem, als Mecklenburger Winzer 1999 erneut Weinstöcke in Rattey und Stargard pflanzten. 2004 waren die Ratteyer-Rebstöcke dann bereit für die erste kommerzielle Ernte. Seitdem gibt es „Mecklenburger Landwein". Anfangs bauten die Winzer vor allem die Rebsorten Müller-Thurgau, Portugieser und Spätburgunder an. Die beiden letztgenannten

sind wegen ihrer hohen Frostanfälligkeit schon wieder aus den Weinbergen verschwunden. Jetzt setzt man vor allem auf Reben die besonders resistent gegen Pilzbefall sind. Und so wurden Regent, Phoenix, Solaris und Ortega zu den typischen „mecklenburgischen" Sorten. Durch die Umstellung bei der Rebenauswahl hat der Wein aus dem Norden sehr an Qualität gewonnen. Ratteyer Weiß- und Roséweine heimsten bereits einige Auszeichnungen ein. Trotzdem warten die Mecklenburger Winzer noch darauf, mit dem höherwertigen Prädikat „Qualitätswein" werben zu dürfen. Dass ihnen das noch verwehrt ist, liegt allerdings nicht an ihrem Wein, sondern an der langsamen Bürokratie und wenig flexiblen berufsständischen Vorschriften aus früheren Jahrhunderten. Trotzdem floriert der Weinanbau in Mecklenburg, und die Ratteyer Winzer planen bereits ihre Anbauflächen zu vergrößern.

Neben den Profis arbeiten in Mecklenburg und Vorpommern auch einige Privatleute in Hobbyweinbergen. Sogar auf Usedom stehen ein paar Weinstöcke. Allerdings: Trotz Klimawandel ist das Wetter, in Form später Frühjahrs- und früher Herbstfröste,

Der Schönbecker Ortsteil Rattey rund um das gleichnamige Schloss ist der nördlichste Weinort Deutschlands. Noch darf hier „nur" mecklenburgischer Landwein kredenzt werden.

immer noch der größte Feind der norddeutschen Weinbauern. Wenn in frostigen Nächten die Kerzen in den Weinbergen von Rattey flackern, hat das nichts mit Romantik zu tun – vielmehr versuchen die Winzer dann mit Frostschutzkerzen ihre Rebstöcke vor dem Erfrieren zu retten.

DER WEITE OSTEN VORPOMMERNS

Im Osten Mecklenburg-Vorpommerns bevorzugt der Fremdenverkehr die Küste. Greifswald mit seiner Altstadt und Ueckermünde als Urlaubsort am Haff werden gern besucht. Im Landesinneren geht es bedeutend ruhiger zu. Das macht Entdeckungsreisen abseits der Küste interessant.

1 Greifswald

Die neben Stralsund wichtigste Stadt (59 200 Einw.) Vorpommerns erhielt 1250 Stadtrechte. Die 1456 gegründete Universität ist nach Rostock die zweitälteste im Ostseeraum. Nach dem Dreißigjährigen Krieg (1618–1648) blieb Greifswald bis 1815 unter schwedischer Herrschaft. Im Gegensatz zu den anderen Orten Vorpommerns wurde es im Zweiten Weltkrieg kaum zerstört. Bekanntester Sohn der Stadt ist der frühromantische Maler Caspar David Friedrich (1774–1840).

SEHENSWERT

Die **Altstadt** **TOPZIEL** gehört zweifelsohne zu den schönsten Vorpommerns. Eindrucksvoll ist der denkmalgeschützte **Marktplatz**. An seiner Westseite steht das Mitte des 18. Jh. frühbarock errichtete **Rathaus**. Wesentlich älter sind die drei monumentalen Stadtkirchen aus dem 13. bzw. 14. Jh. Von der Ausstattung **St. Mariens** ist nur wenig erhalten; beachtenswert sind die vielen Grabsteine, die in den Fußboden und die

Kloster Eldena

An der Greifswalder Ausfallstraße nach Wolgast liegen die Reste eines 1199 gegründeten Zisterzienserklosters. Bekannt wurden die Ruinen von Eldena durch Caspar David Friedrich, der sie immer wieder als Motiv wählte. Ein ganz anderes Gesicht zeigen die Backsteinmauern im Hochsommer bei den Eldenaer Jazz Evenings, „einem der lässigsten Jazzfestivals Deutschlands". Die Parklandschaft rundum ermöglicht ungezwungenes Kommen und Gehen und so manches Picknick.

INFORMATIONEN UND KARTEN

Greifswald-Information, Rathaus am Markt, Tel. 03834 52 13 80
www.greifswald.info

Seitenschiffe eingelassen sind. Der **Dom St. Nikolai** – an dem schlanken Westturm zu erkennen – gehört zu den beeindruckendsten Kirchen des Landes; im Innern sind spätgotische Fresken und das Gemälde „Sieben Greifswalder Professoren in der Anbetung Mariens" aus dem 15. Jh. sehenswert. **St. Jacobi** zeigt ein romanisches Taufbecken und gotische Wandmalereien im Gewölbe des östl. Mittelschiffs. In der **Universität** beeindruckt die spätbarocke Aula, die während des Universitätsbetriebs nicht besucht werden kann.

MUSEUM

Das **Pommersche Landesmuseum** präsentiert Landesgeschichte, daneben in einer Gemäldegalerie u. a. Werke der beiden bedeutenden Frühromantiker Caspar David Friedrich und Philipp Otto Runge (Rakower Straße 9, www.pommersches-landesmuseum.de; Mai bis Okt. Di.–So. 10.00–18.00, sonst Di.–So. 10.00 bis 17.00 Uhr).

RESTAURANT

Im Braugasthof € **Fritz** (Am Markt 13, Tel. 03834 5 78 30) wird hinter einem Giebel aus dem 15. Jh. landestypische Küche und ausgezeichnetes Bier serviert.

VERANSTALTUNGEN

Musik, Theater, Ausstellungen u. a. aus Ostsee-Anrainerstaaten bilden den **Nordischen Klang** (http://nordischerklang.de; Mai). Ein maritimes Wochenende bietet das **Fischerfest Gaffelrigg** (Juli).

UMGEBUNG

Das ehem. Fischerdorf **Wieck** liegt an der Mündung des Flusses Ryck in die Ostsee. Die reetgedeckten Fischerhäuser dort sind stimmungsvoll und sehenswert. Gleiches gilt für die hölzerne Klappbrücke von 1886, die nach holländischem Vorbild erbaut wurde.

INFORMATION

Greifswald-Information
Rathaus am Markt
17489 Greifswald
Tel. 03834 85 36 13 80
www.greifswald.info

Die Klappbrücke in Greifswald-Wieck

2 Wolgast

Erstmals 1123 erwähnt, war die Stadt (11 800 Einw.) von 1296 bis 1625 Sitz der Herzöge von Pommern, Zweig Wolgast. Danach gehörte Wolgast bis 1815 zu Schweden. Wirtschaftlich waren das recht gute Zeiten, im Vergleich zum bettelarmen Vorpommern lebte man verhältnismäßig gut. Den Zweiten Weltkrieg überstand Wolgast weitgehend ohne Schäden. Der romantische Maler Phillip Otto Runge (1777 bis 1810) ist der berühmteste Sohn Wolgasts.

SEHENSWERT

Die 1587 errichtete Gruft der **Petrikirche** (13. Jh.) beherbergt Sarkophage mehrerer Mitglieder der Herzogsfamilie Pommern-Wolgast; interessant ist der Totentanz an den Wänden der Seitenschiffe (www.kirche-wolgast.de; Sommer tgl. 10.00–17.00 Uhr, im Winter kürzere Öffnungszeiten, Turmbesteigung möglich). Das **Rathaus** wurde im 18. Jh. barock neu gestaltet. Auf dem **Brunnen** davor (1936) werden Episoden aus der Stadtgeschichte dargestellt.

Das Otto-Lilienthal-Museum in Anklam zeigt Nachbauten der legendären Gleitflieger.

MUSEEN

Das **Stadtmuseum** ist im ältesten Fachwerk-bau (17. Jh.) der Stadt – wegen seines Ausse-hens „Kaffeemühle" genannt – beheimatet und bietet 1000 Jahre Wolgaster Stadtge-schichte (Rathausplatz 6, www.museum.wol gast.de; April bis Okt. Di.–Fr. 11.00–18.00, Sa. und So. 11.00–16.00 Uhr). Runges Geburtshaus dient gut erhalten als **Runge-Museum** – aller-dings ohne Originaleinrichtung und ohne Origi-nalgemälde. Dennoch lohnt der Besuch: Wich-tige Werke sind als Kopien zu sehen, und sein Leben wird mithilfe von Zeitzeugnissen nach-gezeichnet (Kronwieckstraße 45, www.museum. wolgast.de; gleiche Öffnungszeiten wie Stadt-museum).

HOTEL

Schlafen in historischem Ambiente. Im € **Spei-cher** auf der Schlossinsel am Museumshafen kann man Zimmer mieten (Hafenstr. 4, Tel. 03836 23 18 91, www.speicher-wolgast.de).

UMGEBUNG

Im **Skulpturenpark Katzow** leben und arbei-ten mehrere Künstler aus ganz Europa. Der Park und seine Skulpturen können jederzeit besichtigt werden. Im Sommer finden Wechsel-ausstellungen statt (Galeriecafé).

INFORMATION

Stadtinformation
Rathausplatz 10, 17438 Wolgast
Tel. 0383660018, www.wolgast.de

③ Anklam

Die einstige Hansestadt (12 300 Einw.) wurde im Zweiten Weltkrieg stark zerstört, vom histo-rischen Stadtkern blieb nur wenig erhalten. Bekannt ist Anklam als Geburtsort des Luft-fahrtpioniers Otto Lilienthal (1848–1896).

SEHENSWERT

Überdauert haben das 32 m hohe **Steintor** (13. und 15. Jh.; Heimatmuseum) und die **Marienkirche** (Urspr. 13. Jh.) mit beeindru-ckenden Wandmalereien aus dem 14. Jh. und einem frühgotischen Taufbecken.

MUSEUM

Das **Otto-Lilienthal-Museum TOPZIEL** zeich-net das Leben Lilienthals nach und zeigt in Ori-ginalgröße nachgebaute Flugapparate. Auch Bruder Gustav, der Sozialreformer, ist Thema (Ellbogenstr. 1, www.lilienthal-museum.de; Juni bis Sept. tgl. 10.00–17.00, Mai, Okt. Di.–Fr. 10.00–17.00, Sa. und So. 13.00–17.00, sonst Mi.–Fr. 11.00–15.30, So. 13.00–15.30 Uhr).

UMGEBUNG

Der Adelssitz **Burg Klempenow** (www. burg-klempenow.de; Urspr. 13. Jh.) 30 km westl. dient als Kunst-, Kultur- und Veranstal-tungszentrum. Der **Naturpark Peenetal TOPZIEL** ist ein herrliches Revier für Wanderer, Radler und natürlich Paddler (www.naturpark -flusslandschaft-peenetal.de).

INFORMATION

Anklam-Information, Markt 3, 17389 Anklam
Tel. 03971 83 51 54, www.anklam.de

④ Ueckermünde

Das alte Handwerker- und Hafenstädtchen (8400 Einw.) an der Mündung des Flusses Uecker ins Stettiner Haff war bis 1997 für seine Ziegelindustrie bekannt und ist der touristisch wichtigste Ort der Haffregion.

SEHENSWERT

Die **Altstadt** zeigt restaurierte Fachwerk- und Giebelbauten, vor allem am Marktplatz und am Ackerhof. In der barocken **Marienkirche** von 1766 sind die jüngst restaurierten Flachgede-cke und der Kanzelaltar von 1775 sehenswert.

MUSEUM

Im von Pommern-Herzog Philipp I. erbauten Renaissanceschloss (ab 1540) ist das **Haff-museum** mit Stadt- und Regionalgeschichte untergebracht (Juni–Aug. Di.–So. 10.00–17.00, März–Mai und Sept., Okt. Mi.–Fr. 10.00–12.00 und 13.00–17.00, Sa. 13.00–17.00, Nov.–Feb. Do., Fr. 10.00–15.30 Uhr, www.ueckermuende. de/haffmuseum.html).

AKTIVITÄTEN

Etwas außerhalb badet man an einem 800 m langen **Sandstrand**. Vom Stadthafen aus sind **Schiffsfahrten** nach Kamminke und Swine-münde auf Usedom möglich (Oderhaff Ree-derei Peters, Altes Bollwerk 2, Tel. 039771 2 24 26, www.reederei-peters.de).

UMGEBUNG

In Eggesin (südl.) ist das Besucherinforma-tionszentrum des **Naturparks Am Stettiner Haff** zu finden (Am Bahnhof 4, www.naturpark -am-stettiner-haff.de; Mitte Mai–Mitte Sept. Mo.–Fr. 9.30–17.00, Sa. 10.00–16.00, sonst Mo.–Fr. 10.00–15.00 Uhr).
Im **Ukranenland** in Torgelow (15 km südl.) ver-setzt das Freilichtmuseum die Besucher in die Welt einer slawischen Siedlung aus dem 9. und 10. Jh. Zum Museum gehört auch das Castrum Turglowe, das den Besucher mit auf eine Zeitreise in das Torgelow des 13. Jh. nimmt (Mai–Okt. Di.–Fr. 12.00–18.00 Uhr, www.ukra nenland.de).

INFORMATION

Touristik-Information Stettiner Haff
Altes Bollwerk 9, 17373 Ueckermünde
Tel. 039771 2 84 84
www.urlaub-am-stettiner-haff.de
www.ueckermuende.de

⑤ Pasewalk

Zum Ende des Zweiten Weltkriegs wurde die im 12. Jh. gegründete Stadt (10 000 Einw.) stark zerstört und ihr Zentrum dabei nahezu dem Erdboden gleichgemacht.

SEHENSWERT

Die **Nikolaikirche** wurde 1176 erwähnt, die dreischiffige **Marienkirche** stammt aus dem 13. Jh. und gilt als eine der schönsten des pommerschen Mittelalters. Von der mittelalter-lichen **Stadtbefestigung** (14./15. Jh.) stehen noch Mühlen- und Prenzlauer Tor sowie die beiden Türme Pulverturm und Kiek in de Mark.

INFORMATION

Stadtinformation
Am Markt 12, 17309 Pasewalk
Tel. 03973 25 12 32, www.pasewalk.de

»EIN FLUGZEUG ZU ERFINDEN, IST NICHTS. ES ZU BAUEN, EIN ANFANG. FLIEGEN, DAS IST ALLES.«

Otto Lilienthal

⑥ Neubrandenburg

Die 1248 gegründete Vier-Tore-Stadt ist mit 63 700 Einw. drittgrößte des Landes. Abseits der großen Feriengebiete Ostsee und Seenplatte und zudem im Zweiten Weltkrieg stark zerstört, lockt sie nur wenige Besucher an.

SEHENSWERT

Gut erhalten blieb die mittelalterliche **Stadtmauer** (13.–15. Jh.); bis zu 7 m hoch, umschließt sie auf mehr als 2 km Länge den historischen Stadtkern. Typisch sind die **Wiekhäuser**, bewohnbare, direkt in die Mauer hineingebaute Wehrtürme; heute leben und arbeiten in den kleinen Wohnungen Künstler und Kunsthandwerker. Die vier **Stadttore** sind erhalten: Im Treptower Tor mit 32 m hohem Turm ist das Regionalmuseum untergebracht, das mit Terrakottafliesen geschmückte Stargarder Tor gilt als schönstes. Die bis 1298 im Stil der Backsteingotik erbaute **Marienkirche** dient heute als Konzertsaal, die ehem. Klosterkirche **St. Johannis** (14. Jh.) war in der Wendezeit Ziel der großen Friedensdemonstrationen. Das **Schauspielhaus** von 1794 ist das älteste erhaltene Theatergebäude Mecklenburg-Vorpommerns. Einen hervorragenden Blick über die Stadt genießt man vom Turm des 1965 eröffneten **Hauses für Kultur und Bildung** (HKB-Haus) am Marktplatz (tgl. 8.00–19.45 Uhr).

MUSEUM

Das **Regionalmuseum Neubrandenburg** im Treptower Tor ist u. a. der Ortsgeschichte gewidmet (www.museum-neu brandenburg.de; Mi.–So. 10.00–17.00 Uhr).

UMGEBUNG

Burg Stargard (Urspr. 13. Jh.; südl.) gilt als ältestes weltliches Bauensemble Mecklenburg-Vorpommerns. In **Woldegk** (30 km südöstl.) sind fünf Windmühlen zu sehen: Die Buddesche Mühle, ein Erdholländer (1883), dient als Mühlenmuseum, die Ehlertsche Mühle (1886) als Schauanlage, und in einer noch flügellosen dritten ist ein Café untergebracht (Stadt Woldegk, Tel. 03963 25 65 36, www.windmueh lenstadt-woldegk.de).
Einige der schönsten Seen Mecklenburg-Vorpommerns sind Teil der **Feldberger Seenlandschaft** (www.feldberger-seenlandschaft. de) – allen voran der einst von Gletschern geformte, tiefe und klare Schmale Luzin. In der Region wächst außerdem der älteste Buchenwald Deutschlands: die **Heiligen Hallen** (westl. Feldberg südl. Lüttenhagen). Heute führt ein Pfad um das 25 ha große Waldgebiet. Betreten darf man das Naturschutzgebiet nicht mehr – es ist schlicht zu gefährlich, denn von den über 300 Jahre alten, teilweise morschen und bis zu 50 m hohen Baumriesen brechen immer wieder Äste ab.

INFORMATION

Tourist-Information
Marktplatz 1, 17033 Neubrandenburg
Tel. 0395 5 59 51 27
www.neubrandenburg-touristinfo.de

BIBERSAFARI AUF DER PEENE

Die Peene, drittlängster Fluss von Mecklenburg-Vorpommern, ist der Lieblingsfluss der Biber – kein Wunder, durchfließt sie doch mit erstaunlich wenig Gefälle und ohne nennenswerte Bebauung das größte zusammenhängende Niedermoorgebiet Mitteleuropas.

Langsam gleitet das Kanu die Peene entlang. „Schon kurz hinter der Stadt erwartet Euch ein Naturparadies", so Antje Enke von Abenteuer Flusslandschaft in Anklam. „Adler haben wir einige", sagt der Guide, „und im Normalfall bekommen wir, so wie heute, auch einige zu sehen." Wir sind aber wegen der Biber auf der Peene unterwegs. „Bibersafari" nennt sich der Ausflug. Bald schon bekommen wir den ersten Bau zu Gesicht. Fleißig wurden Zweige und Äste zu einer riesigen Burg aufgetürmt. Der Schlossherr selbst entzieht sich allerdings unseren Blicken. Noch zeichnet

Ruhiges Revier für Kanuten: Auf der gesamten Flusslänge von rund 130 Kilometern „überwindet" die Peene einen Höhenunterschied von nur 30 Metern.

sich die Silhouette der Anklamer Marienkirche am Horizont ab, da deutet unser Guide aufs Wasser: „50 Meter vor uns", flüstert er. Und wirklich: Dort schaut ein Kopf aus dem Wasser! Erst kurz vor dem Boot taucht der Biber ab, sein runder Rücken ist das letzte, was wir von ihm sehen.

Mehr als 100 Biberburgen stehen am Peeneufer, durchschnittlich lebt also an jedem Flusskilometer eine Biberfamilie. Dabei waren die bis zu 35 kg schweren Nager in Vorpommern schon ausgerottet. Erst 1976 wurden Biber aus Sachsen an der Peene neu angesiedelt. Mit beachtlichem Erfolg

Abenteuer Flusslandschaft
Werftstr. 6, 17389 Anklam
Tel. 03971 24 28 39
www.abenteuer-flusslandschaft.de

HILFREICH & NÜTZLICH

Keine Reise ohne Planung. Auf den folgenden Seiten haben wir für Sie Wissenswertes und wichtige Informationen für Ihren Urlaub in Mecklenburg-Vorpommern zusammengefasst.

Auf Hiddensee wie in ganz Mecklenburg-Vorpommern kann man wundervoll radeln.

Anreise

Mit dem Auto: Über die Autobahnen A 11, A 20 und A 19 ist Mecklenburg-Vorpommern von Brandenburg und Berlin aus gut erreichbar. Wer aus dem Westen anreist, kommt über den westlichen Teil der Ostseeautobahn A 20 in die Küstenstädte und Badeorte. Ludwigslust erreicht man über die A 24, Schwerin auf der A 14.

Mit dem Zug: Zugverbindungen mit dem ICE bestehen in alle größeren Städte des Landes. Nach Binz und Bergen fährt ein IC, im Sommer nach Binz auch ein ICE. Wichtigster Umsteigebahnhof für Reisen nach Usedom ist Züssow zwischen Anklam und Greifswald. Von dort besteht Anschluss mit der Usedomer Bäderbahn (Tel. 03837827132, www.ubb-online.com) via Wolgast an alle wichtigen Badeorte entlang der Pommerschen Bucht bis Swinemünde.

Mit dem Bus: Busverbindungen von vielen deutschen Großstädten nach Rostock, Stralsund, Rügen und Usedom (www.flixbus.de).

Mit dem Flugzeug: Im Sommer kann man nach Usedom auch fliegen, dann bestehen Flugverbindungen von Dortmund, Düsseldorf, Stuttgart, Frankfurt/Main und Zürich zum **Flughafen Heringsdorf** (Tel. 0383762500, www.flughafen-heringsdorf.de).
Der **Flughafen Rostock/Laage** (28 km von Rostock entfernt; Tel. 038454 321390, www.rostock-airport.de) wird innerdeutsch u. a. ab München und Stuttgart angeflogen.

Auskunft

Tourismusverband Mecklenburg-Vorpommern: Platz der Freundschaft 1, 18059 Rostock, Tel. 0381 4030550, www.auf-nach-mv.de

Regional:
Tourismusverband Mecklenburgische Schweiz: www.mecklenburgische-schweiz.com
Tourismusverband Mecklenburg-Schwerin: Tel. 038559189875, www.mecklenburg-schwerin.de
Tourismusverband Mecklenburgische Seenplatte: Turnplatz 2, 17207 Röbel, Tel. 039931 5380, www.mecklenburgische-seenplatte.de

Verband Mecklenburgischer Ostseebäder: www.ostseeferien.de
Tourismusverband Vorpommern: Fischstr. 11, 17489 Greifswald, Tel. 03834 891189, www.vorpommern.de

Autofahren

Wer zu den Inseln unterwegs ist, sollte unbedingt die **Brückenzugzeiten** beachten. Da sich die Öffnungszeiten von Saison zu Saison ändern, sollte man sich vor der Abreise aktuelle Infos einholen.

Rügen: Von Stralsund führen zwei Brücken auf die Insel. Die neue Brücke ist so hoch, dass Schiffe problemlos unter ihr hindurch fahren können und der Autoverkehr weiter fließen kann. Für die alte Brücke (Ziegelgrabenbrücke) gelten die folgenden Brückenzugzeiten: 5.20 bis 5.40, 8.20–8.40, 12.20–12.40, 15.20–15.40, 17.20–17.40 und 21.30–21.50 Uhr.

Zingst: Die Meiningenbrücke bei Barth öffnet in der Sommerhauptsaison tägl. 7.45, 9.45, 17.45, 20.00, in der Nebensaison tägl. 9.45 und 17.45 Uhr, jeweils für maximal 30 Minuten.

Usedom: Die Brücke bei Wolgast (westliche Zufahrt) öffnet in der Hochsaison tgl. um 5.45, 7.45, 12.45, 17.45 und 20.45 Uhr, die in Zecherin (östliche Zufahrt) um 5.45, 8.45, 12.45, 16.45 und 20.45 Uhr (5.45 und 20.45 Uhr nicht zwischen Okt.–März); der Straßenverkehr ist jeweils für ca. 15 Minuten unterbrochen.

Die **Parkplatzsituation** in den Seebädern ist in der Hochsaison extrem angespannt. Kostenfrei kann man fast nirgends mehr sein Fahrzeug abstellen

Essen und Trinken

Die Küche Mecklenburg-Vorpommerns ist traditionell herzhaft, üppig und kalorienreich – ein Essen für Menschen, die wie Bauern und Fischer schwer arbeiten müssen. Besonders in den Landgaststätten wird diese Küche immer noch gepflegt. Ein Sprichwort sagt deswegen auch: „'N Meckelbörger Magen kann alles vertragen!" Im Lauf der letzten 20 Jahre hat sich die Kochkunst verfeinert, und gerade die jungen Köche bieten vermehrt auch leichte Kost an

Von Aal bis Zander, ob geräuchert, gebraten oder gebacken – auf den Speisekarten der meisten Restaurants nehmen **Fischgerichte** eine herausragende Stellung ein. Besonders beliebt ist der Ostseehering in allen seinen Zubereitungsarten. Der Bismarckhering beispielsweise ist eine Stralsunder „Erfindung".
Auch **Fleisch** wird gern gegessen, auch hier gilt in vielen Restaurants die Devise: Hauptsache üppig. Traditionelle Beilage zu Kassler, Schweinebacke und/oder Mettwürsten ist Grünkohl, zu Sauerfleisch werden Bratkartoffeln gereicht. Birnen, Bohnen und Speck ist ein Herbstgericht. Und auch Wild findet sich im Landesinneren auf den Karten.
Typisch für den Norden ist der **Sanddorn** – ein dorniger Strauch mit orangefarbenen Beeren, die zu Saft, Marmelade oder Likör verarbeitet werden. Vitaminreich, wird Sanddorn auch „Zitrone des Nordens" genannt. **Erdbeeren** sind eine neuere Errungenschaft. In den Jahren nach der Wende entstanden im ganzen Land Erdbeerplantagen – auch zum Selbstpflücken.
Getränke: Mecklenburg-Vorpommern ist Biertrinkerland. Die bekannteste Biermarke im Land ist Lübzer Pils, das von den Einheimischen auch mit viel Heimatstolz getrunken wird. Ebenfalls beliebt ist das Bier der Störtebeker Braumanufaktur in Stralsund. Zum Bier wird gern der eine oder andere Schnaps gekippt, doch geht der Konsum von Hochprozentigem in den letzten Jahren zurück.
Restaurants: An der Küste ist die Auswahl groß, in den kleinen Städtchen und Dörfern im Landesinneren findet man dagegen nicht immer ein Restaurant nach seinem Geschmack. Restaurant-Empfehlungen sind auf den Infoseiten der jeweiligen Kapitel aufgeführt. Die unten genannten Preiskategorien beziehen sich auf ein typisches Hauptgericht.

Preiskategorien

€€€€	Hauptspeisen	über 25 €
€€€	Hauptspeisen	18–25 €
€€	Hauptspeisen	12–17 €
€	Hauptspeisen	bis 12 €

Ostsee, etliche Seen und die zahlreichen Wasserwege bieten Wassersportlern beste Voraussetzungen. Im Peenetal etwa steht geruhsames Paddeln auf dem Programm.

Feiertage und Feste

Im Sommer ist immer etwas geboten. Wochenends findet irgendwo ein Hafen- oder Seebrückenfest statt, eine Zeesenbootregatta oder ein Historischer Markt, Pferderennen am Strand, Schwimmwettkämpfe in der Ostsee, Fahrradrennen durch die Alleen oder Volksläufe über Nebenstraßen. Die **Festspiele Mecklenburg-Vorpommern** sind Kulturinteressierten ein Begriff (Tel. 0385 591 85 85, www.festspiele-mv.de). Von Ende Juni bis Anfang Sept. finden auf der Freilichtbühne in Ralswiek auf Rügen die **Störtebeker-Festspiele** (Tel. 03838 3 11 00, http://stoertebeker.de) statt, bei denen spektakulär das Leben des legendären Seeräubers nachgespielt wird. Größte Veranstaltung im Land ist die im August stattfindende **Hanse Sail** (www.hansesail.com) in Rostock, bei der mehr als 100 000 Menschen vom Ufer und von Bord ihrer eigenen Boote aus die Windjammerparade mit Großseglern aus aller Welt verfolgen. Einen Veranstaltungskalender gibt es beim Tourismusverband Mecklenburg-Vorpommern (siehe S. 116).

Klima

Das Wetter ist in Mecklenburg-Vorpommern so kapriziös wie in ganz Deutschland. Immerhin: Der an der Ostseeküste häufige Wind bläst die Wolken oftmals von der Küste weg. Deswegen führen Rügen und Usedom auch die gesamtdeutsche Sonnenstunden-Statistik an. Als Faustregel lässt sich zudem sagen, dass die Sonnenscheindauer entlang der Ostseeküste von West nach Ost zunimmt.

Öffentlicher Nahverkehr

Mit dem **Mecklenburg-Vorpommern-Ticket** der Bahn bereist man einen Tag lang das ganze Land in Regionalzügen für 22 € (Fr.–So. 23 €). Bis zu vier Mitfahrer sind zum Aufpreis von je 3/3,50 € pro Person möglich (www.bahn.de).

Wer sich auf die öffentlichen Verkehrsmittel verlässt, muss vor allem abseits der Küsten gründlich den Fahrplan studieren: Das Streckennetz ist teilweise sehr ausgedünnt. Manche Orte sind nur noch ein- oder zweimal tgl. mit Bus oder Bahn zu erreichen.

Reisezeit

Bevorzugte Reisezeit für einen Urlaub in Mecklenburg-Vorpommern ist der Sommer: Von Juni bis Aug. wird in den Strandbädern kaum spontan ein Hotelbett zu bekommen sein, die Strände sind voll und die Restaurants bis zum

Daten & Fakten

Landesnatur: Immerhin 63 % der Landesfläche Mecklenburg-Vorpommerns (23 193 km²) werden landwirtschaftlich genutzt. 8 % sind Siedlungsflächen. Gewässer bedecken etwa 6 % der Landesfläche.
Mit einer Länge von rund 2000 km hat Mecklenburg-Vorpommern die längste Küste aller Bundesländer, Rügen (926 km²) und Usedom (445 km²) sind die beiden größten Inseln Deutschlands. Besonders im Osten besteht die Küste aus Meerengen und Lagunen, die Bodden und Haffs bilden. Auch im Inland sind Gewässer landschaftsprägend, so etwa in der Mecklenburgischen Seenplatte mit der Müritz (110 km²), dem größten See, der vollständig innerhalb Deutschlands liegt, und in der Feldberger Seenlandschaft. Von den insgesamt 26 000 km Wasserwegen ist die Elde mit 208 km der längste Fluss von MVP; er verbindet die Müritz-Region mit der Elbe. Die Helpter Berge bei Woldegk bilden mit 179 m die höchste Erhebung des Bundeslands.
Bevölkerung: 1,61 Mio. Menschen leben in diesem Bundesland. Mit 69 Einw./km² ist

aletzten Platz besetzt. Auch zum Jahreswechsel kommen viele Gäste. Zumindest an der Ostseeküste sind die Hotels dann gut gebucht. Wer nicht unbedingt (sonnen-)baden will, für den bieten Vor- und Nachsaison gute Möglichkeiten. Bei Spaziergängen hat man die Strände dann fast für sich allein. Allerdings sind dann auch manche Restaurants und viele kleinere Museen geschlossen, die größeren Attraktionen haben meist verkürzte Öffnungszeiten. Viele Hotels haben inzwischen enorm aufgerüstet und bieten ihren Gästen ganzjährig Verwöhn- und Wellnesspakete an.

Schifffahrten

Linienschiffverbindungen bestehen von Rostock/Warnemünde und von Sassnitz nach Schweden, Dänemark und ins Baltikum. Hiddensee erreicht man von Stralsund und Schaprode. Ausflugsschiffe legen an allen großen Seebädern zu Rundfahrten ab. Rügen und Usedom sind durch Brücken mit dem Festland verbunden.

Sport

Fischen und Angeln: Die Auswahl an Fischrevieren ist riesig. Wer die Angel ins Wasser halten will, darf das nur „lizensiert" tun – Angelerlaubnis und Fischereischein sind Grundvoraussetzung für das Angelvergnügen (Deutscher Anglerverband, Landesverband Mecklenburg-Vorpommern, Siedlung 18a, 19067 Leezen, Tel. 0386056030, www.lav-mv.de).

Info

Mecklenburg-Vorpommern das am dünnsten besiedelte deutsche Bundesland (Durchschnitt 233 Einw./km²). Die größten Städte sind Rostock (209 000 Einw.) und Schwerin (95 600 Einw.).
Etwa ein Fünftel der Einwohner bekennen sich zum christlichen Glauben, rund 85 % davon sind Protestanten.
Wirtschaft: Rund drei Viertel aller Erwerbstätigen sind im Dienstleistungssektor beschäftigt, knapp ein Fünftel arbeitet im produzierenden Gewerbe (Industrie, Bauwirtschaft, Bergbau/Energie). In der Land-, Forst- und Fischereiwirtschaft sind lediglich noch 6 % der Erwerbstätigen tätig. Die Arbeitslosenquote ist mit 9 % höher als im Bundesdurchschnitt. Das Bruttoinlandsprodukt betrug 2019 pro Person 28 940 € gegenüber einem Bundesdurchschnitt von 41 358 € – damit ist MVP in puncto Wirtschaftskraft das Schlusslicht unter den Bundesländern.
Mit 34,1 Mio. Übernachtungen im Jahr 2019 ist Mecklenburg-Vorpommern die beliebteste Sommerurlaubsregion in Deutschland.

Radfahren: Allein schon wegen seiner überwiegend flachen Topografie ist Mecklenburg-Vorpommern ideal für Fahrradtouristen. Verleihstationen findet man in allen touristisch relevanten Orten. Auf Usedom wurde durch UsedomRad (siehe „Ja natürlich", S. 95) ein Netz von mehr als 100 Verleihstationen aufgebaut. Verstärkt setzt man auch auf den Verleih von E-Bikes. Einige Veranstalter bieten entsprechende Pauschalurlaube an.

Diverse Rundrouten und Radfernwege erschließen die Region. Der populäre **Mecklenburgische-Seen-Radweg** schlängelt sich quer durchs Land, von Lüneburg über Neuhaus, Dömitz, Ludwigslust, Parchim, Plau am See, Röbel an der Müritz, Waren an der Müritz, Mirow, Neustrelitz, Neubrandenburg, Ueckermünde, Anklam und Ahlbeck bis nach Wolgast (640 km). Der deutsche Abschnitt des **Ostsee-Radfernweg** verläuft von Flensburg über Kiel, Fehmarn, Travemünde, Wismar, Warnemünde, Fischland, Darß, Zingst, Barth, Stralsund, Rügen, Greifswald und Wolgast nach Ahlbeck auf Usedom (1095 km). Der **Radfernweg Hamburg–Rügen** bringt Radler auf nicht gerade direktem, dafür auf besonders schönem Weg zur größten deutschen Insel; Etappenziele sind Geesthacht, Lauenburg, Mölln, Ratzeburg, Gadebusch, Schwerin, Bad Kleinen, Güstrow, Teterow, Demmin, Stralsund und Putbus und Sassnitz (520 km). Die 630 km des **Radfernwegs Berlin–Kopenhagen** verbinden die dänische und die deutsche Kapitale. Die 255 Mecklenburger Kilometer beginnen in Rostock und verlaufen über Schwaan, Bützow, Güstrow, Krakow am See, Waren an der Müritz, Neustrelitz und Wesenberg bis nach Fürstenberg an der Havel.

Reiten: Die Gestüte Ganschow bei Güstrow (www.gestuet-ganschow.de) und Redefin bei Ludwigslust (www.landgestuet-redefin.de) ragen schon wegen ihrer Veranstaltungen aus dem breiten Reitsportangebot des Landes heraus. Eine weitere Pferdehochburg ist Bad Doberan. Reitsportfreunde finden aber auch sonst in ganz Mecklenburg-Vorpommern ein dichtes Reitwegenetz vor. Mehr als 150 Reiterhöfe und unzählige Vereine bieten Ausbildung auch für das eigene Pferd, Touren und Ferien (Tourismusverband Mecklenburg-Vorpommern).

Wassersport: Mecklenburg-Vorpommern ist das Land des Wassers. Mit der Ostseeküste und der Seenplatte verfügt das Land über zwei Wassersportgebiete der Extraklasse. Schwimmen, Segeln, Kanufahren, aber auch Wind- oder Kitesurfing sind die beliebtesten Sportarten im oder auf dem Wasser.

Unterkunft

Hotels: Zwischen Landesinnerem und Küste sind die Unterschiede im Angebot und im Preis beachtlich. An der Ostsee findet man Hotels und Ferienhäuser für jeden Geschmack und Anspruch – sofern man rechtzeitig danach sucht, freut man sich doch in der Hauptsaison mancherorts über eine Belegung von annähernd 100 Prozent. In der Nebensaison locken dagegen selbst Spitzenhäuser mit Schnäpp-

Geschichte

ab 600 v. Chr.: Germanische Stämme wandern ein.

5. Jh. n. Chr.: Die Germanen verlassen das Gebiet, slawische Stämme rücken nach.

995: Ersterwähnung Mecklenburgs in einer von Kaiser Otto III. ausgestellten Urkunde

12. Jh.: Christianisierung der Slawen.

1168–1227: Dänen herrschen über Mecklenburg und Pommern.

13. Jh.: Einwanderung deutscher Siedler

13.–17. Jh.: Hansezeit u. a. mit Greifswald, Wismar, Stralsund und Rostock.

1535: Der Protestantismus wird als Landeskonfession eingeführt.

1618–1648: Dreißigjähriger Krieg: Mit dem Westfälischen Frieden fallen Teile Mecklenburgs und Vorpommerns an Schweden.

1654: Die Leibeigenschaft der Bauern wird gesetzlich verankert (Aufhebung 1806 in Schwedisch-Pommern, 1807 in Preußen und 1820 in Mecklenburg).

1720: Nach dem Nordischen Krieg wird das Land geteilt: Das Gebiet nördlich der Peene bleibt schwedisch, alles südlich davon fällt an Brandenburg-Preußen.

1793: Gründung des ersten deutschen Seebads Heiligendamm.

1813–1815: Auf dem Wiener Kongress erhält Preußen ganz Pommern.

1871: Das Herzogtum Mecklenburg tritt dem neu gegründeten Deutschen Reich bei.

1918: Novemberrevolution: Die Vorherrschaft des Adels wird beendet.

1933–1945: Drittes Reich. Rüstungsbetriebe sind Hauptziel alliierter Bombenangriffe. Nach Kriegsende sind viele Städte zerstört.

1945: Industrie und Großgrundbesitz werden enteignet. Das östliche Pommern fällt an Polen, Usedom wird geteilt.

1949: Gründung der DDR

1990: Neugründung des Landes Mecklenburg-Vorpommern. Nach der Wiedervereinigung wird Mecklenburg-Vorpommern ein Bundesland und Alfred Gomolka (CDU) zum ersten Ministerpräsidenten gewählt.

1990er-Jahre: Wirtschaftskrise nach der Wende: Viele Betriebe müssen schließen, hohe Arbeitslosigkeit, Abwanderung in die westlichen Bundesländer. Ausländerfeindliche Ausschreitungen.

1998: Erste rot-rote-Landesregierung Deutschlands aus SPD undr PDS.

2002: Aufnahme von Stralsund und Wismar in die UNESCO-Liste des Weltkulturerbes

2017: Nach dem krankheitsbedingten Rücktritt von Erwin Sellering wird Manuela Schwesig (SPD) Ministerpräsidentin von MVP. Sie ist die erste Frau in diesem Amt.

2019/20: Der internationale Streit um die Erdgas-Pipeline „Nord Stream 2" spitzt sich zu. Vom zwischenzeitlichen Baustopp ist auch der Hafen Sassnitz betroffen.

chenpreisen. Abseits der Küste – und da reichen schon einige Kilometer aus – sind die Preise deutlich niedriger, und in der Regel bekommt man auch in der Hauptsaison problemlos eine Unterkunft. Wer in den weniger touristischen Teilen des Landes auf Entdeckertour geht, ist gut beraten, sich vorab über die Unterkunftsmöglichkeiten am geplanten Zielort zu informieren. Viele Herrschaftshäuser im Land wurden renoviert und zu Hotels umgebaut. Meist herrlich gelegen, bieten sie eine luxuriöse Fluchtmöglichkeit aus dem Alltag (siehe „Unsere Favoriten", S. 22/23). Weitere Auskünfte erteilt der Verein der Schlösser, Guts- und Herrenhäuser in Mecklenburg-Vorpommern (Rondell 7, 17207 Ludorf, Tel. 039931 8 40 11, www.mein-urlaub-im-schloss.de). Hotelempfehlungen stehen auf den Infoseiten der Kapitel. Die im Kasten unten genannten Preiskategorien beziehen sich auf eine Übernachtung für zwei Personen im Doppelzimmer.

Preiskategorien

€ € € €	Doppelzimmer	über 200 €
€ € €	Doppelzimmer	150 – 200 €
€ €	Doppelzimmer	100 – 150 €
€	Doppelzimmer	50 – 100 €

Camping: 84 Zelt- und Caravanplätze hat das Land zu bieten, viele davon sind barrierefrei und verfügen über Kinderspielplätze. 38 sind mit dem Ecocamping-Zertifikat ausgezeichnet. Alles Weitere weiß der Verband für Camping- und Wohnmobiltourismus Mecklenburg-Vorpommern (Pläterstr. 2, 18055 Rostock, Tel. 0381 4 03 48 55, www.bvcd-mv.de).

Jugendherbergen: Insgesamt gibt es 25 Jugendherbergen in Mecklenburg-Vorpommern (Barth, Hohenkirchen-Beckerwitz westl. Wismar, Binz, Born-Ibenhorst auf dem Darß, Burg Stargard, Feldberg, Flessenow am Schweriner See, Greifswald, Güstrow, Heringsdorf, Malchow, Mirow, Murchin nördl. Anklam, Prora, Ribnitz-Damgarten, Schwerin, Sellin, Stralsund, Teterow, Ueckermünde, Waren, Warnemünde, Wismar, Zielow bei Röbel und Zingst). Die Herbergen nehmen Einzelgäste jeden Alters auf, Voraussetzung ist jedoch ein kostenpflichtiger Mitgliedsausweis; einige Häuser verfügen auch über Familienzimmer. Infos erteilt das Deutsche Jugendherbergswerk, Landesverband Mecklenburg-Vorpommern (Konrad-Zuse-Str. 2, 18057 Rostock Tel. 0381 77 66 07, www.jugend herberge.de)

Urlaub auf dem Bauernhof: Speziell bei Familien mit Kindern sind Bauernhofurlaube sehr beliebt und bewährt. Infos beim Tourismusverband Mecklenburg-Vorpommern (siehe S. 116) oder unter www.bauernhofurlaub.de.

REGISTER

Fette Ziffern verweisen auf
Abbildungen

Impressum

4. Auflage 2021
© DuMont Reiseverlag, Ostfildern

Verlag: DuMont Reiseverlag, Postfach 3151, 73751 Ostfildern, Tel. 0711 45 02-0,
Fax 0711 45 02-135, www.dumontreise.de
Geschäftsführer: Dr. Stephanie Mair-Huydts, Markus Schneider
Programmleitung: Birgit Borowski
Redaktion: Frank Müller (red.sign Stuttgart)
Text: Rasso Knoller, Berlin
Exklusiv-Fotografie: Johann Scheibner, Berlin
Titelbild: lookphotos /Thomas Rötting (Schweriner Schloss)
Zusätzliches Bildmaterial: S. 4 o. mauritius images/imagebroker/Franz
Christoph Robiller, 8/9 Lookphotos/Thomas Grundner, 14/15 mauritius images/
Christian Bäck, 22 o. iStockphoto, 22 l. Schloss Ulrichshus; 22 r. Petra Stuening,
23 o. l. Schloss Basthorst, 23 o. r. Mirko Runge, 23 u. Schlosshotel Klink, 35 o.
mauritius images/Westend61/Big Man, 35 u. l. DuMont Bildarchiv/Olaf Meinhardt,
36 o. Shutterstock, 36 l. mauritius images/imagebroker/Franz Christoph Robiller,
36 r. DuMont Bildarchiv/Olaf Meinhardt, 37 o. l. mauritius images/imagebroker/
Volker Lautenbach, 37 o. r. mauritius images/Alamy, 37 u. Getty Images/Ronald
Wittek, 39 DuMont Bildarchiv/Olaf Meinhardt, 57 r. DuMont Bildarchiv/Peter
Frischmuth, 58 Lookphotos/Thomas Roetting, 74 o. Shutterstock, 74 l. laif/GAFF/
Yorck Maecke, 74 r. DuMont Bildarchiv/Olaf Meinhardt, 75 o. l. laif/Gerhard
Westrich, 75 o. r. mauritius images/Hiroshi Higuchi, 75 u. l. Shutterstock, 75 u. r.
Lookphotos/Christoph Olesinski, 78 o. l. DuMont Bildarchiv/Peter Frischmuth, 93
u., 97 r., 98 o. l. und 98 o. DuMont Bildarchiv/Olaf Meinhardt, 111 o. Shutterstock/
DR pics, 111 u. Lookphotos/Thomas Roetting, 114 laif/Paul Hahn, 120 l. huber-
images/R. Schmid, 120 r. und 121 o. r. DuMont Bildarchiv/Olaf Meinhardt, 121 o. l.
mauritius images/Westend61, 121 M. DuMont Bildarchiv/Thomas Roetting/Sylvia
Pollex, 121 u. laif/Paul Hahn
Grafische Konzeption, Art Direktion: fpm factor product münchen
Cover-Gestaltung, Layout: CYCLUS · Visuelle Kommunikation, Stuttgart
Kartografie: © MAIRDUMONT GmbH & Co. KG, Ostfildern
Kartografie Lawall (Karten für „Unsere Favoriten")
DuMont Bildarchiv: Marco-Polo-Straße 1, 73760 Ostfildern, Tel. 0711/4502-0,
bildarchiv@mairdumont.com
Für die Richtigkeit der in diesem DuMont Bildatlas angegebenen Daten –
Adressen, Öffnungszeiten, Telefonnummern usw. – kann der Verlag keine Garantie
übernehmen. Nachdruck, auch auszugsweise, nur mit vorheriger Genehmigung
des Verlages. Erscheinungsweise: jeden zweiten Monat.
Anzeigenvermarktung: MAIRDUMONT MEDIA, Tel. 0711/4502-0,
Fax 0711/4502-1012, media@mairdumont.com, http://media.mairdumont.com
Vertrieb Zeitschriftenhandel: PARTNER Medienservices GmbH, Postfach
810420, 70521 Stuttgart, Tel. 0711/7252-212, Fax 0711/7252-320
Vertrieb Abonnement: Leserservice DuMont Bildatlas,
Zenit Pressevertrieb GmbH, Postfach 810640, 70523 Stuttgart,
Tel. 0711/7252-265, Fax 0711/7252-333, dumontreise@zenit-
presse.de
Vertrieb Buchhandel und Einzelhefte: MAIRDUMONT
GmbH & Co. KG, Marco-Polo-Straße 1, 73760 Ostfildern,
Tel. 0711/4502-0, Fax 0711/4502-340
Reproduktionen: PPP Pre Print Partner
GmbH & Co. KG, Köln
Druck und buchbinderische Verarbeitung:
NEEF + STUMME GmbH, Wittingen
Printed in Germany

FSC
www.fsc.org
MIX
Papier aus ver-
antwortungsvollen
Quellen
FSC® C001857

Urlaub erinnern ...

Jeder Urlaub geht einmal zu Ende – was bleibt, sind die Mitbringsel, aber auch die Erinnerungen an Land und Leute, an Aromen und Düfte und an manche Kuriosität.

HOCH STEHT DER SANDDORN

Der Sanddorn ist die Zitrone des Nordens, lässt diese aber hinsichtlich des Vitamin-C-Gehalts deutlich hinter sich. Sanddornprodukte sind deswegen nicht nur landestypische, sondern auch gesunde Mitbringsel. Weil die Angebotspalette breit ist, sollte jeder das Passende für sich finden – Marmelade, Saft oder Likör, Hautcreme oder Seife. Für viele ehemalige DDR-Bürger ist Sanddorn aber auch eine Erinnerung an frühere Ferien am Meer. Denn wie 1974 Nina Hagen sang: „Hoch stand der Sanddorn am Strand von Hiddensee."

TASSE, TELLER, TOPF

Irgend etwas in Mecklenburg-Vorpommern scheint Töpfer anzuziehen. Immer mehr Künstler an der runden Scheibe lassen sich hier nieder. Als Geheimtipp unter Keramikfans hat sich Usedom einen Namen gemacht. In den Inseltöpfereien findet sich für jeden Geschmack das Richtige, von der Tasse bis zur Großfigur für den Garten.

HERRENGEDECK

Mecklenburg-Vorpommern ist bekannt für gute Biere und klare Schnäpse. Brauereien und Brennereien gibt's überall im Land. Zutaten fürs klassische Herrengedeck sind also ein perfektes Mitbringsel von der Küste.

FANGFRISCHER FISCH

Zu einem Urlaub am Meer gehört für mich auch der regelmäßige Besuch in einem Fischrestaurant. Damit ich auch zu Hause noch ein paar Tage lang fangfrischen Ostseefisch essen kann, steht für mich am Tag der Abfahrt der Besuch beim Fischhändler meines Vertrauens auf dem Programm. Gut gekühlt und eingeschweißt in Folie hält der Fisch einige Tage.

BERNSTEIN ... AM BESTEN SELBST GESAMMELT

Bernstein, das Gold der Ostsee, fasziniert die Menschen. Entsprechend beliebt ist Bernsteinschmuck. Ich sammle Bernstein aber lieber selber. Besonders gut stehen die Chancen auf eine erfolgreiche Suche an den Stränden nach einem Sturm. Genau hinsehen muss man aber immer. Bernstein versteckt sich nämlich gern in angeschwemmten Treibgut. Im Winter wiederum findet man mehr Bernstein als im Sommer. Der Grund: Das kalte Wasser ist schwerer als Bernstein, so kann der an der Wasseroberfläche treiben.

EINMAL TIEF DURCHATMEN

Die Ostseeluft löst mit ihrem hohen Salz- und Sauer-stoffgehalt den Schleim in den Atemwegen. Wer den Gesundheitseffekt optimieren will, versucht sich während seines Urlaubs als Strandläufer. So nimmt man dann gleich ein bisschen mehr Gesundheit als Souvenir mit nach Hause.

»JA, ICH HABE DAS GEFÜHL, DASS DER AUFENTHALT RECHT ERSPRIESSLICH FÜR MICH WERDEN WIRD ...«

Lyonel Feininger aus Usedom in einem Brief an seine Frau Julia

LESESTOFF

Warum nicht das Ur-laubsziel vom Sofa auch „erlesen"? Die Land-schaft Mecklenburg-Vor-pommerns hat viele Schriftsteller zu ihren Texten inspiriert. Gerhart Hauptmann zog es nach Hiddensee, Hans Wer-ner Richter nach Bansin. Uwe Johnson beschrieb in „Jahrestage" das länd-liche Mecklenburg. Und Walter Kempowski the-matisierte in „Deutsche Chronik" das Leben einer Reederfamilie aus Rostock. In fast jeder Buchhandlung findet man eine Schmökerecke mit einheimischer Lite-ratur. Neben den Klassi-kern gibt's da auch den neuesten Usedomkrimi.

EIN BISSCHEN KITSCH DARF SEIN

Tassen mit einem Schiff vorne drauf, eine Möwe aus Holz oder ein rot-weiß ange-maltes Leuchtturmmodell – nicht alles was in den Andenkenläden angeboten wird, hält strengen Geschmackskriterien stand. Muss es aber auch nicht – manchmal geht es nicht um große Kunst, sondern um die Erinnerung an eine schöne Zeit. Wenn der Leuchtturm im Wohnzimmerregal das Wellenrauschen auch fernab des Meeres hörbar macht, hat er seinen Zweck erfüllt.

LUST AUF MEHR ...

Obwohl ich lange in Mecklenburg-Vorpommern gelebt habe und jetzt die Hälfte des Jahres auf Usedom wohne, gibt es für mich im Land noch immer viel zu entdecken. Ein großer Traum, den ich mir noch nicht erfüllt habe? Mit dem Hausboot auf der Peene schippern! Ich hoffe der Wunsch geht bald in Erfüllung, und ich kann hinter dem Steuerrad als Kapitän Praxisstunden sammeln.

FRANKREICH SÜDWESTEN OKZITANIEN

Eine faszinierende Vielfalt zeichnet die südfranzösische Region zwischen der Rhone und der Grenze zu Spanien aus mit nahezu unberührten Landschaften wie den Cevennen und tollen Städten wie Toulouse und Montpellier.

Die schönsten Bastiden Kennen Sie Aigues-Mortes, Mirepoix oder Najac? Nein? Müssen Sie kennenlernen. Es sind mittelalterliche Städtchen von unglaublichem Reiz.

www.dumontreise.de

NORDSEEKÜSTE SCHLESWIG-HOLSTEIN

Platt ist das Land In Dithmarschen, auf der Eiderstedter Halbinsel, in Nordfriesland, auf Sylt, Amrum und Föhr, auf Pellworm, Nordstrand und natürlich auf den Halligen.

Genussmomente am Meer Ein kaltes Bier mit den Füßen im warmen Sand, deftiger Pannhsch in den Dünen, ein Cocktail zum Sunset am Kliff – die schönsten Locations für Genussmomente.

LIEFERBARE AUSGABEN